HISTOIRE DE NEUILLY

PRÈS PARIS

(SEINE).

BELLEVILLE, IMPRIMERIE DE GALBAN,

PASSAGE KUSNER, 17.

HISTOIRE DE NEUILLY

PRÈS PARIS (SEINE)

ET DE SES CHATEAUX

LES TERNES, MADRID, BAGATELLE, SAINT-JAMES, NEUILLY, VILLIERS,

PAR M. L'ABBÉ BELLANGER.

————∞∞∞∞————

PRIX : 1 FR. 50 CENT.

Au profit des Pauvres de la Commune.

————∞∞∞∞————

SE VEND

A LA MAIRIE DE NEUILLY (Seine)

ET CHEZ LES LIBRAIRES DE NEUILLY ET DES TERNES.

1855.

AVANT-PROPOS.

Rechercher les souvenirs qui se rattachent aux lieux que nous habitons, revivre un instant avec ceux qui ont foulé la terre qui nous porte, qui ont respiré l'air que nous respirons, qui ont été en contact avec ce qui nous environne, connaître l'histoire et les vicissitudes du sol local, telle a toujours été une douce et désirable jouissance d'esprit, un curieux et quelquefois important sujet d'étude.

Quoique, dans nos jours d'instabilité et de locomotion rapide, on tienne moins qu'autrefois au foyer domestique, et que l'on change avec facilité le coq de son clocher, a dit un écrivain spirituel, il y a encore un puissant et vrai intérêt à interroger le camp où l'on dresse sa tente. On aime à connaître ceux qui, comme nous, furent conduits dans ces lieux par leur destinée, et quelle mémoire s'est conservée des actions de leur passé.

Un semblable préambule pourra surprendre à propos d'une ville nouvelle, création des âges contemporains, ville où se laissent encore apercevoir quelques restes des marais d'où elle a été tirée, quelques arbres survivants de ceux qui couvraient le sol où elle a été bâtie. Nous avons partagé autrefois ce sen-

1

timent; mais les premières recherches ont bientôt
fait évanouir cette erreur. — Neuilly est riche en souvenirs historiques les plus précieux. — Depuis saint
Louis, qui visita si souvent Longchamp en passant
sur le territoire de notre commune, presque tous nos
rois aimèrent ce pays *plat* et *sablonnier*, suivant le
dire de Charles IX. Les successeurs de saint Louis
avaient pour attrait le monastère de Longchamp, où
un grand nombre de princesses du sang et de nobles
dames prirent l'habit. Philippe le Hardi, Philippe le
Bel assistèrent souvent aux cérémonies religieuses
du couvent. Philippe le Long y fit souvent son séjour,
et ce fut là qu'il mourut. Louis XI y vint visiter à
deux reprises son sinistre conseiller, Olivier le Daim,
qu'il avait nommé grand-maître du bois de Boulogne.

La race des Valois y donna cours à son goût
pour les constructions. François Iᵉʳ y bâtit le fameux
château de Madrid ; Henri II légua son affection pour
ces lieux à ses enfants ; Charles IX y demeura longtemps et y eut un fils ; Henri III y passa les courts
instants de tranquillité de son règne, et Marguerite
de Valois y abrita ses derniers jours. Les Bourbons,
malgré leur goût pour les coteaux de Saint-Germain,
aimèrent Neuilly. Henri IV chassa très-souvent dans
le bois de Boulogne en séjournant à Madrid, dont
Louis XIII fit une prison d'État célèbre dans la
Fronde. Louis XIV et Louis XV visitèrent Neuilly

dans plusieurs circonstances notables que nous raconterons en leur lieu.

Louis XVI vint régulièrement chaque année passer la revue de ses gardes dans la plaine des Sablons, et dans cette plaine il encouragea Parmentier dans la culture et la propagation de la pomme de terre.

Charles X, alors simple prince du sang, fit bâtir le charmant pavillon de Bagatelle, et comme si jusqu'à nos jours les rois devaient s'attacher à Neuilly, Louis-Philippe s'y créa cette délicieuse résidence où naquit et grandit une belle et noble famille, emportée, hélas! par les orages et les tempêtes.

Ce qu'il y a de remarquable dans l'histoire de Neuilly, c'est que quatre fois en soixante ans le sort de la France s'est décidé sur son territoire. En 1795, Murat, alors chef d'escadron, enleva de la plaine des Sablons, non sans peine, les trente pièces d'artillerie sans lesquelles le général Bonaparte n'eût pu faire, sur les marches de Saint-Roch, le 13 vendémiaire, journée qui fit sortir pour toujours le futur empereur de l'obscure oisiveté où il languissait. En 1814 et en 1815, le dernier coup de canon qui ferma l'ère des batailles et la grande épopée impériale fut tiré sur le pont de Neuilly. En 1830, dans les jardins du château de Neuilly, une couronne fut placée sur la tête du duc d'Orléans. En 1842, sur une route de Neuilly, un jeune et malheureux prince trouva la mort et fut précipité inopinément dans la tombe où il emporta, suivant les politiques, une partie des destinées de sa famille. Enfin, en 1848, une horde furieuse, ivre de pillage et de vin, promena la dévastation et l'incendie sur le château de Neuilly, et constata aux yeux de la France la chute de la dynastie d'Orléans, qui emporta dans l'exil ce nom de Neuilly consacré par le malheur.

Sans parler des grands seigneurs qui à la suite des rois vinrent habiter notre pays, les Conti, les Montmorency, les d'Estrées, les Noailles, les Schomberg, les Mirepoix, et, dans un ordre inférieur de naissance mais non de position sociale, les Voyer-d'Argenson, les Maurepas, les Rosambo, les Monthyon, etc., nous verrons venir d'autres hommes non moins remarquables par leur talent et qui avaient la *noblesse de l'esprit*, gloire quelquefois mal employée comme la noblesse du sang. Nous citerons ici en abrégé, dans les XVIIe et XVIIIe siècles : Pascal, Bossuet, Boileau, La Bruyère, Voltaire et tous ses amis de l'Encyclopédie (dont les premiers volumes furent cachés au château de Neuilly), Diderot, Grimm, le président Hénault, Jean-Jacques Rousseau attiré à la fois par le bois de Boulogne et par la présence au château des Ternes de Mme d'Houdetot, qui y résidait chez son père; Bernardin de Saint-Pierre, Adanson, Millin de Grandmaison, Perronnet, premier ingénieur de France, etc. Depuis la révolution, Neuilly a compté des hôtes également illustres : Murat, la princesse

Elisa, Chaptal, les généraux Dupont, Gouvion-Saint-Cyr, Cambronne, Millevoye, Hérold, Ch. de Bernard, de Mirbel, etc., etc.

Je me tais sur les célébrités contemporaines. Ce serait encourir le soupçon de flatterie et manquer peut-être aux lois de l'hospitalité.

Neuilly, comme ville, a grandi rapidement. Érigée en chef-lieu de commune l'an 1790, de canton l'an 1793, sa prospérité croissante la rendait bientôt l'émule des cités anciennes de notre pays ; et pour citer des chiffres, Neuilly, en 1840, avait l'importance de Chartres et d'Évreux. Aujourd'hui, Neuilly marche de pair avec Tours, Bourges ; demain, qui peut prévoir le lendemain? peut-être Neuilly, comme population et revenus, égalera un des faubourgs de Paris. Si nous faisons ces rapprochements, c'est pour excuser de prime abord notre apparente témérité et préalablement justifier notre entreprise ; mais ce serait empiéter sur notre travail que de prolonger ces réflexions préliminaires.

Une *Notice historique sur les Ternes*, publiée par nous en 1849, a été accueillie avec une bienveillance dont nous conservons d'autant plus le souvenir, que nous sentons davantage la faiblesse de l'œuvre. Une haute et scientifique recommandation (1), que la reconnaissance nous oblige de mentionner, est venue

_____

(1) Mention honorable accordée par l'Académie des Inscriptions et Belles-Lettres à la *Notice sur les Ternes*.

encourager nos efforts et nous inspirer le désir de continuer ces études sur cette partie intéressante de la banlieue. On nous pardonnera, vu la connexité intime du sujet actuel avec celui que nous avons déjà traité, de ne pas dresser ici la liste des sources que nous avons consultées : auteurs, Mémoires, recueils de lettres, Biographies, Atlas, gravures, etc., etc. ; nous citerons quand le fait présentera quelque importance. — Une récollection attentive des registres de l'État civil gardés à la mairie nous a fourni de très-utiles renseignements ; malheureusement cette ressource des papiers locaux, précieux et presque indispensable auxiliaire de l'écrivain, grâce aux vicissitudes qui ont pesé sur la commune, ne remonte pas au delà des trois derniers siècles.

Quoi qu'il en soit, les loisirs forcés d'une longue maladie nous ont permis de revoir, de coordonner, de mettre en ordre nos documents, et dans la mesure de nos forces, nous n'avons rien négligé pour compléter notre œuvre. Mais l'infirmité qui crée de telles facilités a aussi ses inconvénients, et l'ouvrage, si modeste qu'il soit, en éprouve le contre-coup. C'est donc pour nous un double motif de solliciter la bienveillance de nos lecteurs.

Nous enlèverions à notre travail sa plus précieuse recommandation, si nous ne disions que le Conseil municipal de Neuilly a bien voulu nous soutenir de ses sympathies, favoriser nos recherches, et enfin nous exprimer par un vote spécial, dans sa séance du 18 novembre, le vif intérêt qu'il prend à notre publication, en mettant à la charge de la commune les frais d'impression.

Nous manquerions également à la reconnaissance si nous ne rappelions tout ce que nous devons au bienveillant concours de l'honorable M. Ancelle, maire de Neuilly. Renseignements verbaux, écrits, documents officiels, rien n'a coûté à son obligeance pour nous les procurer. Nous devons enfin des remercîments à plusieurs autres personnes dont la complaisance nous a été utile, et nous les prions d'en recevoir ici l'expression sincère.

Les remercîments d'un auteur, outre ces témoignages de gratitude, doivent se renfermer dans ses efforts pour rendre son œuvre digne de ceux qui lui portent intérêt. Quant à nous, nous offrirons ces sortes de remercîments en y ajoutant, à défaut du succès, le mérite d'une bonne volonté.

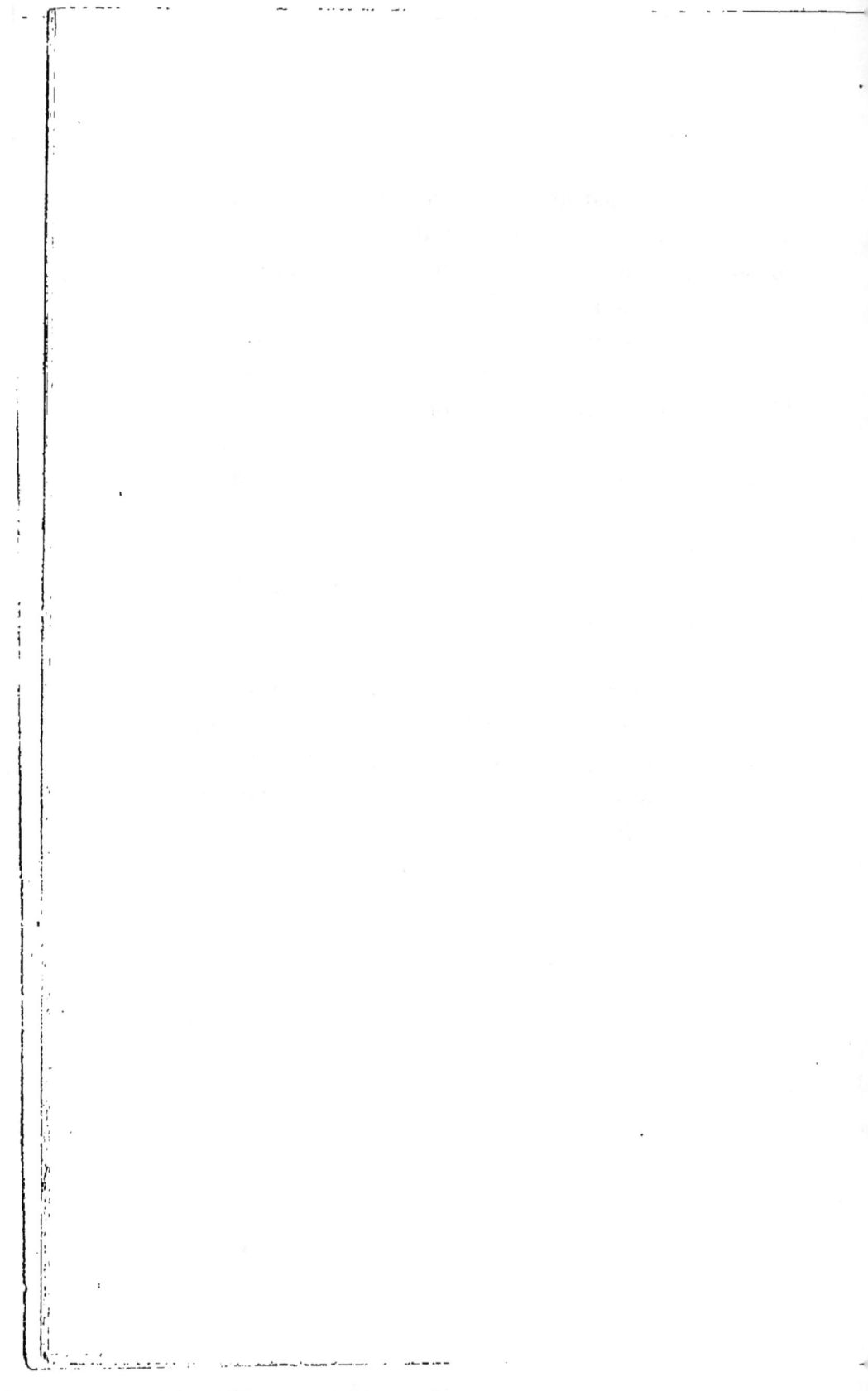

HISTOIRE DE NEUILLY

CHAPITRE PREMIER.

ORIGINES. — ÉTYMOLOGIE.

Le bois de Boulogne, faible débris d'une forêt plus considérable, couvrait autrefois toute la plaine où s'élève maintenant la ville de Neuilly. Les lieux ont bien changé ; la configuration physique du sol a été profondément modifiée. En attendant que l'industrie des hommes soit venue par de prodigieux travaux de terrassement tirer parti de ce terrain maigre, stérile et sablonneux, l'infertilité naturelle de cette colline se perdant brusquement dans les marais de la Seine avait laissé la place aux arbres, aux plantes qui demandent peu ou point de culture. On croit avec assez de raison que ce vaste espace, car il renfermait en outre Boulogne, Auteuil, Passy, Chaillot, le faubourg Saint-Honoré, avait été de temps immémorial réservé pour les plaisirs de la chasse, en faveur des chefs civils et militaires de la contrée.

Le nom de *garenne* (1) que ce territoire a conservé jusqu'à nous et qu'il portait bien anciennement, indiquerait assez la vraisemblance de cette opinion. Cette destination, historique à partir des rois mérovingiens, n'amena pas, comme on se l'imagine, une série d'événements que nous puissions raconter. Cependant les savants qui ont écrit sur les commencements de l'histoire de Paris ne sont pas éloignés de penser que ce fut près de la butte de l'Étoile, au milieu des Ternes, que Labienus, lieutenant de César, soutint et gagna sa fameuse bataille, non sans peine, contre le vieux roi de Lutèce, Camulogène. Cet intrépide défenseur de son pays succomba les armes à la main avec ses Gaulois, dont le courage ne put tenir contre la discipline et la tactique des soldats romains. Quoi qu'il en soit du lieu précis de cette victoire, il n'est pas douteux que les vainqueurs n'aient fondé quelques établissements importants sur le territoire de Neuilly. Aucun document écrit ne nous signale leur existence, mais plusieurs découvertes dues au hasard des fouilles autorisent notre affirmation. Une voie romaine profondément pierrée, se dirigeant de Montmartre au mont Valérien, a été retrouvée dans la rue de Villiers, près de la propriété de

(1) On dit toujours : Clichy-la-Garenne, Villiers-la-Garenne, Courcelles-la-Garenne, Villeneuve-la-Garenne. Lecanu, *Hist. de Clichy*, ch. I. — Cette partie est traitée avec soin, exactitude et conscience.

M. Longavenne. Un (1) tronçon a été reconnu à un mètre de profondeur, et une pièce d'or, recueillie définitivement par on ne sait qui, a été déclarée d'origine romaine. Un témoin, sur la foi duquel nous appuyons le fait, nous assura avoir déchiffré les lettres T. E.. T.. C... M sur la face, et sur le revers V I C.. T. Le reste était usé. S'il nous fallait donner notre opinion sur cette médaille, en admettant l'authenticité de cette inscription lue par une personne sincère, nous y verrions peut-être avec quelque probabilité une médaille du règne de Tetricus, empereur dans les Gaules en 265. En rétablissant l'ordre, on lirait : *Tetricus imperator*, Tetricus, empereur (2), et de l'autre côté, *Victoria*, emblème de la déesse Victoire, ou mieux figure de Victoria, cette femme de Trèves, *femina Trevirensis*, qui fit en deux ans trois empereurs par son influence sur les soldats, qui l'appelaient la *mère des camps*.

(1) Lecanu, p. 37.

(2) Tetricus, sénateur, gouverneur de la Gaule, fut excité à prendre la pourpre au milieu de l'anarchie qui suivit la mort de Gallien. Cet empereur, digne de régner en des temps plus calmes, plaisait aux légions gauloises parce qu'il était Gaulois. Les soldats en profitaient pour se livrer aux excès de l'indiscipline; aussi Tetricus, qui craignait d'être massacré par les siens, envoya sous main à son compétiteur Aurélien sa soumission par ce vers de Virgile :

Eripe me his, invicte, malis.

dans la plaine de Meaux, au moment où les deux armées allaient se charger, il se laissa faire prisonnier : ce qui n'empêcha pas la bataille d'être sanglante.

Une autre médaille que nous possédons a été également trouvée dans le percement des rues nouvelles du parc de Neuilly. Elle offre une figure de commandant militaire du plus beau profil ; au revers on voit un faisceau d'armes. Les inscriptions de cette pièce (en cuivre) sont totalement dévorées par le temps.

En 1640, lorsqu'on rebâtit pour la seconde fois le pont en bois de Neuilly, les ouvriers en creusant rapportèrent des briques, des tuiles, des poteries, des armes rouillées, trois agrafes de fer et une statuette de Mars. On sait (1) que, dans les lieux voisins à Asnières, on a découvert à plusieurs reprises, et notamment en 1751, des débris d'édifices, des poteries et de nombreuses sculptures appartenant à l'époque romaine. Il y eut donc dans cette contrée un établissement gallo-romain assez important.

Une particularité singulière dans la constitution géologique de la colline ou plutôt de ce courant de petites hauteurs qui encadrent le lit de la Seine de notre côté, c'est la présence à peu près certaine d'eaux minérales dans son sein. On connaît les eaux de Passy, d'Auteuil, mais on ignore les eaux des Ternes et des Batignolles, sources tantôt ferrugineuses, tantôt sulfureuses, situées toutes dans la même direction. L'état de la propriété qui renferme les eaux (2) aux

(1) Lecanu, *Hist. de Clichy*, 31.
(2) Ces eaux minérales sont situées dans un bassin ovale ; elles sortent de leur nappe en certaines saisons avec abon-

Ternes, rue Demours, 33, suppose des travaux anté-
rieurs de recherches ou d'exploitation. Dans ces derniers temps, on y a découvert au fond d'un puits en
quelque sorte artésien des monuments incontestable-
ment romains et peut-être gaulois, des briques, des
hachettes, deux petites statues et autres débris plus ou
moins bien conservés. Il serait difficile d'après ces in-
dications de formuler rien de positif sur la nature et
la destination de l'établissement romain ; mais nous

dance, mais toujours mélangées avec d'autres sources d'eau
naturelle qu'on n'a pu encore isoler, malgré bien des efforts
intelligents. Voici l'analyse que le docteur Fourcault en a faite,
sauf rectification :

Bicarbonate de chaux.....................	0,75
Sulfhydrate de chaux	0,13
Bicarbonate de magnésie.................	0,07
Silice, fer, alumine, sels ammoniacaux......	0,15
Sulfate de chaux........................	1,84
— de magnésie	0,56
Chlorures de sodium et calcium...........	0,55
Sulfate de strontiane, sels de potasse, ma-	
tières organiques.......................	traces.

Les poissons ne vivent pas dans ces eaux. — Cette présence
d'eau minérale a été constatée et reconnue par l'Académie de
médecine dans ce même chaînon de monticules. Nous lisons
dans les journaux spéciaux qu'en 1843 des terrassiers firent
jaillir, rue de Vendôme, 2, chez M. Lacarrière, une nappe
d'eau sulfureuse naturelle assez abondante, dit le rapport, pour
produire en vingt-quatre heures 322,500 litres d'eau. Dans ce
même rapport à l'Académie, on lit qu'en 1829 deux propriétaires de Belleville, en deux endroits différents, notamment
dans l'usine de MM. Lapostolet, impasse Saint-Laurent, 6,
découvrirent une source d'eau sulfureuse. La conclusion du
rapport demandé par le préfet est favorable. Rien ne s'oppose
à l'autorisation d'exploiter. — Telle est l'opinion de l'Académie
de médecine; on pourrait peut-être rattacher les eaux plus loin-
taines d'Enghien à ce groupe assez curieux qui environne Paris.

pensons que ces données sont suffisantes pour at-
tester que le gué ou port de Neuilly a toujours été
regardé comme position militaire d'une certaine valeur par le peuple-roi, qui a laissé partout des traces
si profondes de sa domination.

Lorsque les Francs, sous la conduite de leur chef
Clovis, se furent emparés de Paris et de son territoire,
nous ignorons si la plaine de Neuilly fut le théâtre
de quelque événement. Toutefois, la période méro-
vingienne est riche en souvenirs qui se rapportent
néanmoins spécialement à Clichy, dont Neuilly dé-
pendait. Une plume habile et patiente a raconté l'histoire du roi Dagobert et de ses successeurs dans leur
château de Clichy. Nous renvoyons nos lecteurs à cet
ouvrage estimable. Nous-même, dans notre *Notice
historique sur les Ternes*, nous avons indiqué ce qui
s'est passé de remarquable dans ces temps anciens
sur notre territoire. Il nous suffira de dire que les
événements politiques engagèrent les rois chevelus à
se dépouiller de leur domaine de Clichy. Chilpéric II
donne à l'abbaye de Saint-Denis sa forêt de Rouvray
(Boulogne) avec un garde nommé Lobicinus, les maisons du vieux Clichy et les propriétés voisines. L'acte
de donation, datée le 28 février 718, de Compiègne, est
d'un latin barbare (1). Vingt-trois ans après, Charles-

(1) Foresta nostra de Roverito quæ est in Parisiaco pago
super flumen Sigona. — Félibien, p. 36. — Douillet, p. 690.—
D. Bouquet, t. IV, p. 797.

Martel ajouta, pour compléter ce premier don, les terres, les maisons avec les habitants, les vignes, les champs, les prairies, les pâturages, etc. Dans un coin de ce vaste terrain se trouvait le village de Villiers, construit en place des défrichements opérés sur la lisière de la forêt, et ce village touchait au gué de Neuilly. En effet, le chemin de Paris vers Nanterre, Saint-Germain, etc., franchissait à l'extrémité du bois de Rouvray la Seine, dont les bords reposaient sur un terrain plat et marécageux. Deux îlots, dont l'un a été supprimé en 1772 et l'autre se voit encore, forçaient le fleuve à couler dans un lit large et peu profond. Ce gué aboutissait en face à un chemin sinueux et courbé dans la direction du mont Valérien (*via curva*, Courbe-Voie). Les gués prirent plus tard le nom de port, dénomination qui demeura unie au nom de Neuilly jusqu'en 1700. On disait le port de Neuilly, comme aujourd'hui le port de Marly.

Au milieu de la confusion qui suivit le règne de Charlemagne et de ses successeurs, on perd complétement de vue Villiers et ses dépendances. On peut, du reste, facilement présumer que durant les grandes incursions des Normands, ce lieu si voisin de Paris et de Saint-Denis, double objet de leur convoitise, ne fut pas épargné par la fureur de ces barbares et hardis pirates.

Sous le règne des premiers Capétiens, le nom de Villiers revient trois ou quatre fois dans les chartes, tantôt à propos d'une donation royale par laquelle Philippe Iᵉʳ, en 1069, cède et donne le château de Courcelles (1), tantôt à propos d'inondation et de crue d'eau. Les grandes Chroniques de Saint-Denis disent qu'en 1080 les eaux ont débordé de façon à submerger toute la plaine le Rolle (Roule) et le port Luny ou Nuly (Neuilly).

Louis VI, dit le Gros, pour fonder de concert avec la reine Adélaïde l'abbaye de Montmartre, s'occupa beaucoup de nos contrées, céda certaines parcelles de terre, en reprit d'autres pour la convenance du nouveau monastère. Ces conventions, datées de Paris, 1134, confirmées à Fontainebleau, 1139, approuvées par Théobald, prieur de Saint-Martin-des-Champs, par Pierre le Vénérable, abbé de Cluny, et par Étienne, évêque de Paris, ont cela de remarquable que les noms des localités (2) n'ont pour ainsi dire pas varié depuis cette époque, et sous leur enveloppe latine l'œil le moins exercé reconnaît l'appellation moderne. L'abbé de Saint-Denis, afin de se rendre agréable au roi, autorisa l'année suivante l'établisse-

_____

(1) Courcelles, fief situé entre Villiers et Clichy, dans le récent village Levallois; Courcelles (*Curteciolus*) est le même nom que Courtille, Courteilles, etc., et signifie petite cour, petit domaine.

(2) *Argentolium*, Argenteuil; *Villare*, Villiers; *Columba*, Colombes; *Genevillaris*, Genevilliers; *Bercillum*, Bercy; *Asneriæ*, Asnières. — Félibien, *Histoire de l'Abbaye de Saint-Denis*.

ment d'un bac au port de Neuilly, établissement qui commença définitivement la fortune du village dont nous racontons les annales.

En 1215, Philippe Auguste, pressé par des besoins d'argent, demanda à Pierre d'Auteuil, abbé de Saint-Denis, une somme suffisante pour le tirer des embarras que lui créaient les dépenses de la croisade. Celui-ci offrit au roi 8,000 marcs d'argent (le marc valait 30 francs de notre monnaie) en échange de tous les droits que la couronne possédait sur la rivière de Seine, depuis le port de Neuilly (1) jusqu'au port de Bezons. L'abbaye de Saint-Denis s'assurait d'une manière incontestable la navigation libre du fleuve, tant en amont qu'en aval de Saint-Denis, circulation importante, puisque c'était à peu près la seule voie permanente, en tout temps, de communication, et, de plus, éminemment avantageuse pour les propriétés des religieux situées des deux côtés de la Seine. Le roi accepta l'offre en y ajoutant, pour grossir la somme à recevoir, plusieurs terres, parmi lesquelles nous notons la Planchette (2), hameau contigu à Courcelles, où la vigne était cultivée. *Unam Planchiam vineæ in clauso Curtecioli cum omnibus ad*

(1) Outre l'autorisation royale, on voit figurer celle de Guy II de Montmorency et de demoiselle Emme ou Emmette de Laval, sa femme, à titre de seigneurs d'Épinay.

(2) Planchette, nom donné à un assez grand nombre de hameaux, villages, clos. Planche, planchette, était une mesure agraire encore en usage dans les vignobles de Champagne.

se pertinentibus. (Félibien, *loco citato.*) Dans les appartenances de la Planchette figure une maison, probablement un pressoir.

Maintenant que nous avons recherché consciencieusement les origines de Neuilly, il convient de compléter ces recherches en les appliquant au nom même de notre ville. Comment s'est formée cette appellation, portée du reste par beaucoup de bourgs, villages et hameaux en France, s'il est vrai, suivant le Dictionnaire de Girault de Saint-Fargeau, qu'il y ait soixante-huit localités nommées Neuilly? D'où vient un nom si commun et si répandu? Quelle en est la signification primitive?

Dans le moyen âge, toutes les fois que le nom de Neuilly se rencontre dans les documents écrits, presque toujours on le cite en français, ce qui indique une origine non latine, mais indigène. Cependant il faut avouer que plusieurs titres font mention du port de Neuilly, *portus Lugniaci, Nulliaci.* Ceux qui ont tourné toute leur attention sur cette dénomination l'expliquent en faisant dériver Neuilly des mots celtes ou germaniques *lun* ou *lund*, forêt : on aurait dit, dans cette hypothèse, *Portus Lugniaci,* port de la forêt, puis *Lulliaci* ; enfin, par la transposition harmonique d'une lettre, *Nulliaci.* Cette étymologie un peu savante semblerait confirmée par l'inscription gravée dans les fondations du pont de Neuilly (*Pons ad Lugniacum extructus*, 1772), inscription répétée sur la médaille frappée à l'effigie de Louis XV dans cette même occasion.

D'autres auteurs ont voulu tirer Neuilly des mots *Nova Laya*, nouvelle forêt de Laye, par allusion à cette belle forêt qui environne le délicieux plateau où Saint-Germain est assis. Il n'est pas besoin d'avertir que cette opinion nous paraît hasardée et sans aucun fondement.

Plusieurs écrivains, entre autres le spirituel et malin auteur d'une brochure fort rare sur les *cancans de la Banlieue*, font venir Neuilly de *Novus locus*, nouveau lieu, nouvelle ville. — On comprend qu'on eut dit d'abord Neuville, Neulieu. — Ce sentiment est donc peu probable.

Quelques érudits ont pensé que Neuilly dérivait du latin *Nobiliacum*, lieu noble, et lors de l'érection de l'église actuelle, un de nos plus habiles artistes a édité une petite médaille de bronze commémorative, où nous lisons : *Sub invocat. S. Iohannis Deo O. M. D. Ecclesia Nobiliacensis (Neuilly) M. D. CCC. XXVII. Gayrard F.* Cette origine est ingénieuse assurément non moins qu'honorable, mais elle nous semble beaucoup trop récente pour être admissible. *Nobiliacum*, dans les auteurs, a toujours été traduit par Noailles. Noblac, Noblet. La fameuse abbaye de Saint-Léonard dans le Limousin n'a pas d'autre nom dans les diplômes : *Nobiliacense monasterium* ou *Nobiliacum*.

On approcherait probablement plus près de la vérité en cherchant au mot de Neuilly une étymologie plus simple, plus rationnelle, plus en harmonie avec la nature des lieux. Ainsi, peut-être le terme un peu vieilli de *Noue*, *Noe*, en Normandie, *Nohant*, *Nouan*, dans le Berry, *Nouilly*, *Nouilleux*, serait-il le principe de la dénomination? Chacun sait qu'en style d'agronome on appelle *noue* un pré bas assez fréquemment inondé, *noyé*, pour ainsi dire, par les eaux. Les noms de famille Delanoue, Delanoe, Nouel, etc., se rapportent à cette origine. Or, avant les embellissements de Neuilly proprement dit, et surtout les admirables travaux de terrassement qui ornent les abords du pont, c'était bien là la condition et la qualité du sol de Neuilly, dont on peut encore considérer quelques vestiges, car les toits des anciennes maisons viennent au niveau de la route. Le village était malsain par sa position aquatique et marécageuse. En 1782, à la requête des habitants, le chirurgien-major des gardes françaises en garnison à Courbevoie publia deux Mémoires pour signaler aux autorités supérieures, au nom de la salubrité publique, la nécessité urgente d'assainir les prés de Neuilly privés d'écoulement depuis l'exhaussement des berges occasionnés par la construction du pont. Cette étymologie, par sa simplicité et surtout par sa facilité à s'appliquer aux autres lieux de même nom, présente une certaine vraisemblance. Le lecteur en décidera.

HISTOIRE DE NEUILLY.

CHAPITRE II.

DEPUIS SAINT LOUIS JUSQU'A FRANÇOIS Iᵉʳ.

La fondation du monastère de Longchamp, en 1256, vint animer la solitude des rives de la Seine qui touchaient le port de Neuilly, et ajouter une certaine importance à ce hameau naissant. La dévotion des rois, la qualité et les vertus des premières religieuses, l'empressement des hautes classes, le concours des populations, donnèrent aux routes qui conduisaient au couvent une fréquentation heureuse. Une partie du territoire de Longchamp appartenant à Neuilly, c'est pour nous un titre suffisant pour donner ici quelques détails touchant un monastère qui a conservé une notable célébrité.

Isabelle, dernière fille de Louis VIII, Cœur de Lion, et de Blanche de Castille, en fut la fondatrice. Après avoir partagé avec sa mère le soin de toute sorte de bonnes œuvres, et dans des vues religieuses refusé la main du comte de la Marche, et de Conrad, fils de l'empereur Barberousse, quoique le pape lui eût écrit en faveur de ce prince, Isabelle, dégoûtée du monde, voulut, sa mère étant morte, se retirer dans une mai-

son qu'elle aurait fondée. Saint Louis n'était homme ni
à la détourner de ce pieux projet, ni, comme on pourrait le croire, à l'engager témérairement dans un état
qu'il plaçait au-dessus de tous les autres. Le dessein
de sa sœur bien arrêté, il lui donna tout son concours.

Nous laisserons maintenant parler le chroniqueur
de l'abbaye : « Au-dessous de Saint-Cloud et en deçà
« de Suresnes, au pied de ce tant renommé tertre,
« vulgairement dit le mont Valérien, commença d'être
« édifié, l'an du Seigneur 1256, le monastère de
« Longchamp. Il prend son nom de sa *longue pla-*
« *nure*; il a Paris à son orient à la distance de deux
« petites lieues, et presque de front il regarde le ma-
« gnifique château du Louvre. » Sur quoi un historien (1) de sainte Isabelle fait cette réflexion : il est
possible qu'il le regarde, mais il ne le voit pas; les
massifs du bois de Boulogne, les hauteurs de Passy
et de Chaillot s'y opposent. « Mollement assis dans
« le fond de la vallée herbeuse, auprès de coteaux
« boisés, méditant ou sommeillant à son gré au flux
« lent de la Seine, Longchamp était dans la plus belle
« position désirable pour une maison de solitude.
« Bien que les beautés qui se sont accrues depuis par
« la main humaine n'existassent pas encore du temps

(1) Rouillard, Gallia Christiana, t. VII. — Danielo, *Vie de
madame Isabelle.*

« de sainte Isabelle, c'était néanmoins, quant à la
« nature, une grande beauté d'assiette et de paysage.
« Vrai est que cet endroit profondément désert et
« écarté, et pour cette cause sujet à infinis meurtres
« et brigandages, avait alors un fort triste surnom et
« sobriquet, savoir de *coupe-gueule.* » Saint Louis et
sa sœur ayant cherché non loin de Paris un lieu pro-
pice, choisirent Longchamp. Le 10 juin, Louis vint
avec une grande pompe et magnificence, accompagné
de la reine Marguerite, sa femme, de ses fils et d'une
suite innombrable de princes, princesses, seigneurs,
dames et autres gens de toute sorte d'états. Il fit
planter la croix par l'évêque de Paris, et tout à l'instant, de sa main royale, il mit la première pierre, la
reine la seconde, Philippe, surnommé plus tard le
Hardi, la troisième, et Isabelle, par humilité, la qua-
trième. Puis les religieuses se déroulant dans la
plaine comme un long chapelet, le bon roi leur fit
un discours d'inauguration. Toute l'assemblée fut
ravie en admiration, dit l'historien déjà cité, en entendant des paroles si exquises : chacun, au lieu de
s'en lasser et de s'en ennuyer, eût voulu qu'il eût
parlé la journée tout entière. Le lecteur nous excu-
sera de ne pas rapporter le discours royal, car il ne
contient pas moins de vingt-quatre pages (in-8°) dans
le texte original. Après que pause fut faite, sœur
Eremberg de Courcelles, qui lors tenait lieu de su-
périeure, s'agenouilla devant Sa Majesté, puis s'étant

relevée avec révérence, lui adressa des remercîments très-gracieusement tournés dans notre naïf auteur.

Saint Louis était noble et généreux, il ne se contenta pas de faire des discours aux religieuses de sa sœur; pour leur entrée en religion, il leur donna six vingt livres parisis, leur fit abandon de plusieurs étangs voisins, de treize arpents du bois de Boulogne. — Sainte Isabelle habita désormais Longchamp, mais sans y prononcer ses vœux et y prendre l'habit. Craignant, à cause de sa naissance, les distinctions d'abbesse, etc., attendant les visites fréquentes du roi, de la reine et de la cour, si elle se fût encloîtrée, ce n'eût été qu'embarras, que bruit, que rupture de silence, brèche continuelle à la discipline. Pour parer à ces inconvénients qu'elle avait jugés avec un bon sens qui dénote une maturité d'esprit et une fermeté de résolution rares, Isabelle, âme énergique, sachant s'arrêter jusque dans le bien, se choisit dans le monastère un corps de logis à part, afin qu'elle fût assez proche de ses religieuses pour participer à leurs exercices, et assez à l'écart pour empêcher qu'à son occasion elles souffrissent un seul trouble.

L'ordre qu'elle avait appelé était l'ordre de Saint-François, alors dans une grande ferveur. Les sœurs s'appelèrent *Sœurs mineures encloses de l'humilité Notre-Dame*, auquel nom elles ajoutèrent celui de *Clarisses-Urbanistes de l'archimonastère de Longchamp*. Sans être astreinte par une règle dont elle n'avait point fait profession, sainte Isabelle ramena peu à peu sa vie déjà bien austère à la pratique des vertus les plus admirables. Sœur Agnès de Harcourt, qui vécut avec elle à la cour et à Longchamp, nous a laissé des détails intéressants sur ses habitudes.

L'humilité, ce principe de toute perfection, ce titre de son monastère, fut sa devise sincère et constante pendant sa vie ; elle ne voulait en aucune façon entendre flatterie et compliments ; l'entretenir de la grandeur de sa race, de la noblesse de son extraction, c'était lui causer peine. Au lieu de dames d'honneur, elle ne retint plus que de pauvres femmes à son service, et encore elle faisait en hiver le feu de ses propres mains et y apportait la bûche ; elle se lavait elle-même avec de l'eau qu'elle allait quérir. Elle avait les mêmes pelisses que ses servantes, et les portait aussi longtemps qu'elles. Ses robes étaient de chétif camelot et lui duraient deux ans, c'est-à-dire jusqu'à ce qu'elles fussent usées et percées par le coude. Au lieu de tentures, de tapisseries, sa chambre n'était poudrée en tout temps que de feurre, paille grossièrement hachée. Au temps de l'hiver, ses membres enduraient de si âpres froidures, qu'elle en avait les pauvres mains toutes fendues et gercées, sans qu'on pût lui faire porter ni gants, ni moufles, ni autre telle couverture. Comme sœur Agnès lui demandait pourquoi elle faisait cela, elle répondait que c'était parce qu'elle avait été autrefois trop curieuse

à regarder et à˝contre-regarder ses mains, qu'en sa
jeunesse elle avait fort belles et fort délicates. — En
outre elle faisait , en carême surtout, de sévères pé-
nitences, augmentant ses oraisons, abstinences, et
portant sur sa chair une petite chaînette de fer que
le roi saint Louis lui avait donnée en échange d'une
chaîne semblable dont son frère fit usage jusqu'à sa
mort. La Chronique de Saint-Denis dit que, sur le lit
de cendre où il expira, le roi légua cet instrument de
correction à Isabelle, reine de Navarre, sa fille, et
filleule de la fondatrice de Longchamp, la priant
de se flageller dans l'occasion suivant ses fautes et
péchés.

Ces pratiques extérieures de privations et d'austérités qui étonnent notre siècle, quoique extrêmement
pénibles pour la délicatesse des princes nourris dans
les délices, élevés dans les douceurs de la cour,
n'auraient cependant qu'une signification bornée et
qu'une valeur relative, si nous ne faisions une sérieuse attention à la conviction profonde, à l'esprit
intérieur qui dictait et soutenait pendant de longues
années une semblable conduite. Aujourd'hui nous
sommes portés à rechercher le principe utilitaire de
toute chose, et notre premier mot est : A quoi bon
cet institut? à quoi sert cette fondation? Si nous
n'apercevons pas clairement un but d'utilité positive,
immédiate et palpable, comme le soin des malades,
l'éducation des enfants, l'amélioration des détenus,

l'enseignement même de l'agriculture, aussitôt nous portons un jugement rigoureux d'exclusion. Les circonstances sociales au milieu desquelles nous vivons justifient peut-être ce point de vue; mais l'appréciation du XIXᵉ siècle, l'équité le veut, ne peut être l'appréciation des autres siècles. Ce sont là de grosses questions dignes de respect et trop souvent tranchées dans notre pays par des esprits superficiels, qui n'ont pas réfléchi aux conditions d'existence de la société humaine.

Qui peut nier que ce ne fût pour le monde riche ou pauvre, grand ou petit, une leçon permanente d'une efficacité sensible que de voir des princes et des princesses déposer leur grandeur, abdiquer volontairement l'usage des richesses, les aises de la vie, embrasser avec franchise et amour la pauvreté? Qui peut nier que ce spectacle d'un abaissement voulu et continué, d'une privation sévère et progressive des jouissances même les plus légitimes, ne fût un contre-poids salutaire et un équilibre puissant contre les désordres et les mauvaises passions qui tendent toujours à faire une trouée et une invasion pernicieuses? Certes on a beau dire et prêcher, l'exemple est et sera toujours le plus énergique et le plus irrésistible des maîtres. Quand plus tard nous verrons ces mêmes lieux, sanctifiés par sainte Isabelle et ses compagnes, profanés et souillés par les turpitudes d'autres princesses se roulant dans la fange de leurs passions, nous comprendrons mieux l'effet de cette loi sociale. Les institutions les plus saintes ne sont pas à l'abri elles-mêmes de dangers; le monastère de Longchamp, comme bien d'autres, déchut de sa ferveur primitive. Nous dirons dans leur temps les malheurs qui l'accablèrent.

Isabelle de France vécut neuf années à Longchamp, dans le soin de sa perfection et de son salut. Pendant les derniers temps, elle fut atteinte de fièvres nombreuses qu'elle supporta patiemment. Enfin, en février 1269, elle se mit au lit pour n'en plus relever. Elle appela auprès d'elle ses religieuses et leur fit de touchants discours d'adieu. « Mes bonnes amies, leur « disait-elle, ce que je désire obtenir de vous, avec « vos bonnes prières, c'est que vous vous appliquiez « toujours à votre règle... Ne pensez point que toutes « les sauvegardes du roi, mon seigneur et mon « frère, de messieurs mes parents vous puissent don-« ner tant d'appui ni de support que la seule protec-« tion de Dieu... Vivez en concert et union de cœur, « sans jalousie ni préférence. Ayez toujours souve-« nance de votre pauvre Isabelle : si j'ai mérité quel-« que chose de vous, pensez à moi, ne m'oubliez pas « auprès de la bonté divine. Je vous quitte sans me « séparer de vous, je marche la première vers les ri-« vages éternels, je vais vous solliciter une place « dans le sein de Dieu... Soyez courageuses et persé-« vérantes, afin que je puisse vous présenter à son

« trône revêtues d'innocence (1). » Ce fut parmi les
religieuses une désolation mêlée de larmes, de sanglots. Isabelle, se sentant dénuée de forces, se fit
mettre, à l'exemple de la reine Blanche, sa mère, en
pareille agonie, sur de la paille, et là se fit apporter
l'extrême-onction, puis prononçant ces paroles :
« Mon Dieu, je vous recommande mon âme, » elle
expira dans la paix du Seigneur, le 23 février 1269,
âgée de cinquante ans, ainsi qu'il est marqué au mar-
tyrologe de Longchamp.

Les funérailles d'Isabelle furent célébrées au milieu d'un concours immense de peuple venu de
Paris et des alentours. Le roi Louis accourut de
Tours pour rendre les derniers devoirs à sa sœur.
On l'enveloppa dans une étoffe de soie couleur de
pourpre, puis on la déposa comme un enfant au
berceau dans un coffre de chêne, renfermé dans un
cercueil de pierre, sur lequel on avait taillé l'effigie
de la sainte d'après nature. Elle y était représentée
couchée tout de son long, un livre sur la poitrine,
les pieds vers l'autel, vêtue en religieuse de Saint-
François, avec le manteau royal semé de fleurs de
lis et une couronne sur la tête. Au-dessus de son
tombeau, sur la muraille, on grava cette inscription :
*C'est monsieur Louis, roy de France, et madame Isa-
belle, sa sœur, lesquels fondèrent le moustier de céans*

(1) *Histoire de Madame Isabelle*, Danielo.

l'an de grâce 1260, à l'honneur de Dieu et de sa très-dévote mère.

Plusieurs miracles accomplis par l'intercession d'Isabelle redoublèrent la dévotion et la confiance des peuples. Une bulle du pape Léon X, du 19 janvier 1521, déclara bienheureuse la fondatrice de Longchamp et autorisa son culte dans l'intérieur du monastère. On a célébré l'office de la bienheureuse Isabelle, dont la fête a lieu le 31 août, jusqu'à la révolution. Nous ignorons si quelque église du diocèse de Paris a recueilli cet héritage.

Un grand nombre de princesses, attirées par le souvenir de la sœur de saint Louis, imitèrent ses exemples et se retirèrent à Longchamp. Nous mentionnerons Blanche de France, fille de saint Louis et femme de Ferdinand, infant d'Espagne; Blanche, fille de Philippe le Long, qui se fit religieuse et apporta de grands biens au couvent; Jeanne de Navarre, Madeleine de Bretagne; Jeanne de Brabant, les dames de Laval, de Craon, de Beaujeu, de Chauvigny, de Méry, etc.

Le monastère de Longchamp reçut des souverains pontifes des priviléges remarquables. Alexandre IV l'exempta de la juridiction diocésaine et métropolitaine, et l'évêque de Paris, par une lettre datée de Gentilly, reconnut cet affranchissement. Les rois ne restèrent pas en arrière des pontifes dans leurs bienfaits. Saint Louis, outre les marques de faveur déjà

citées, légua 50 livres dans son testament aux religieuses, et avant de partir pour sa croisade d'Afrique,
il avait rendu l'ordonnance suivante : « En vue de
Dieu et du salut de notre âme et des âmes du roi
Louis, notre très-cher père, et de la reine Blanche,
notre très-honorée mère, nous avons donné perpé-
tuellement à nos bien-aimées en Jésus-Christ l'abbaye
et le couvent de Longchamp, près Saint-Cloud, une
bergerie située dans notre bois de Rouvray, avec la
grange en face ladite bergerie et avec douze toises
de circuit... leur accordons la liberté d'avoir des animaux, leur permettant de les faire paître dans notre
bois quand il sera en état de se défendre... En outre,
nous avons accordé à toujours trente arpents de bois
dans notre forêt. » — En 1285, Philippe III ajouta cinq
arpents au don de son père. Philippe IV exempta les
gens de l'abbaye de toute taille et contribution, et
gratifia les religieuses d'un droit de huit deniers sur
les charrettes qui entraient dans Paris. Philippe V (1),
qui résida souvent et mourut à Longchamp, à cause
de sa fille qui y avait pris le voile, répara le monastère
et fit rebâtir l'église et le cloître. La communauté fut

(1) Philippe le Long mourut à Longchamp. Il gisait malade :
l'abbé et les religieux de Saint-Denis lui apportèrent à baiser
le bois de la vraie croix, le clou qui avait percé la main du
Seigneur. Le roi éprouva un mieux subit, mais il retomba en
son mal ; ni prières, ni physiciens (médecins) ne purent empêcher qu'il ne trépassât le 3 janvier 1322. (H. Martin, t. V,
p. 268.)

composée d'abord de soixante, puis de quatre-vingts religieuses; en 1789, elles n'étaient plus que quarante. La maison jouissait d'un revenu de 32,000 liv. que la nation s'est appropriée. Le couvent avait duré cinq cent trente ans sous le gouvernement successif de soixante-six abbesses.

Nous avons groupé les faits les plus importants touchant ce monastère, afin de mettre plus de clarté dans notre récit. Nous aurons occasion de revenir sur ce lieu, si voisin de Neuilly, que presque toutes ses propriétés étaient situées sur notre commune. Des maisons s'étaient élevées peu à peu autour du bac, et la pêche, la culture, avaient réuni plusieurs familles dans le hameau. Trois ou quatre démêlés judiciaires conservés au palais jettent une petite lueur sur l'état de Neuilly. Ainsi, en 1322 (1), un *talmousier* (boulanger), préposé par les religieux de Saint-Denis à la garde du four banal où chacun devait cuire, assigna devant les tribunaux son voisin *cordouannier* (cordonnier), afin d'obtenir que le fils dudit voisin fût réintégré dans son apprentissage. Le jeune garçon, arrêté par le guet, reprochait à son maître qu'il l'excédait de travaux, le jour pour tenir sa boutique, la nuit pour cuire les pains et les talmouses; que sa nourriture était insuffisante, et que sans la pitié des gens de Neuilly et aussi un peu sans

(1) Kaufmann. — V. Jugés, 17, fol. 340.

les morceaux dérobés, il serait mort de besoin. Il y avait neuf années que l'apprentissage durait. Le prévôt des marchands, ouïe la cause, décida que les trois autres années exigées par les coutumes pour terminer cet apprentissage seraient passées chez un autre boulanger, et que, pour dédommager le talmousier de Neuilly, le père du jeune homme payerait chaque année à la Saint-Michel cinq deniers parisis, ou, si mieux n'aimaient les parties, deux fortes et solides paires de souliers.

En 1368 (1), deux habitants de Neuilly eurent ensemble une querelle au sujet d'un puits mitoyen : en tout temps la raison du plus fort a eu des partisans convaincus. Tant il y a qu'un des plaignants, justement celui qui avait le bon droit, fut insulté, battu, et qui pis est, volé. Recours immédiat au seigneur de Villiers, auquel appartenait la justice moyenne et basse. Ce seigneur, nommé Jean Restable, était mort depuis six mois; mais ses enfants mineurs avaient un tuteur, Firmin de Saint-Martin, qui condamna le coupable à huit sous d'amende. Le sire de Clichy, Jean de Beaumont, jaloux de l'importance de Neuilly, prétendit avoir des droits fondés sur cette localité. Il appela du jugement pour cause d'incompétence, et quoi que purent alléguer le sei-

(1) *Hist. de Clichy*, p. 43. — *V.* Jugés, 18, fol. 389.

gneur de Villiers et l'abbaye de Saint-Denis, la question fut résolue en faveur du sire de Beaumont, le 27 avril 1370; vingt ans après, Pierre de Giac, seigneur de Clichy, soutint et gagna un semblable procès.

Ces jugements, tout en témoignant de la prospérité croissante de Neuilly, déjà fourni des divers corps d'état, accusent des liens de féodalité avec Clichy, liens qui furent rachetés plus tard. Rien n'était plus bizarre et plus inextricable que cette superposition de juridictions différentes. Ainsi, au quatorzième siècle, les habitants de Neuilly avaient à répondre en justice devant l'abbé de Saint-Denis, le seigneur de Clichy, ou même l'abbesse de Longchamp, suivant l'occurrence. De plus, le chapitre de Saint-Honoré percevait la grosse dîme sur le produit le plus clair des champs, le blé, le seigle, l'orge, l'avoine et le vin. Le chapitre avait une grange près de l'église, et le curé, nommé par les chanoines, recevait d'eux une somme fixe appelée portion congrue. L'abbé de Saint-Denis avait en outre le droit, à son élection, de prélever un impôt sur chaque arpent. En 1369, Guy de Monceaux demanda cinq deniers parisis par chaque arpent pour droit de chape ou joyeux avènement. Les gens de Villiers et de Neuilly payèrent *non sans crier*, dit un ancien historien. C'est que les temps étaient durs pour la France et pour la banlieue. C'était l'époque de la grande guerre avec les

Anglais (1) ; le roi Jean était prisonnier, et les factions troublaient la capitale. Les armées de ces époques n'étant pas soldées, l'homme de guerre cherchait à vivre par la maraude et le pillage. — « Ci fut tout le pays autour de Paris gasté jusqu'à huit et dix lieues, » disent les Chroniques de France. Ce fut au point que les paysans cessèrent de labourer et de semer, suivant le Journal d'un Bourgeois de Paris ; ils avaient tout abandonné de désespoir, résolus de faire *du pis qu'ils pourraient.*

Pour se garantir de l'irruption des bandes armées qui rôdaient dans la banlieue, Pierre Jourdaing rebâtit et entoura de murailles la ferme de l'Esterne (les Ternes) située sur le bord du grand chemin. Après les victoires de Jeanne d'Arc et des généraux de Charles VII, et surtout après la reprise de Paris sur les Anglais, la campagne de Villiers devint tranquille, les travaux de culture, de défrichement furent continués avec un succès qui répara les anciens désastres. Le bois de Rouvray, définitivement appelé de Boulogne, n'était point enfermé de murs, il jetait assez irrégulièrement ses bouquets d'arbres dans la plaine à moitié labourée : toute la butte de l'Étoile lui appartenait jusqu'à Chaillot. Il y avait des gardes pour avoir soin du bois et du gibier : on les nom-

(1) Le prince de Galles poussa jusqu'au château de Saint-Germain, et ses bandes réduisirent en cendres Nanterre, Ruel, Neuilly, Boulogne, Saint-Cloud. (H. Martin, t. V, p. 405.)

mait gruyers, et leur chef, toujours un homme important, gruyer-capitaine. Le premier garde général dont il est fait mention est le fameux exécuteur des hautes œuvres de Louis XI, Olivier le Daim. Le roi le visita deux fois à sa maison du bois en passant par le monastère de Longchamp, auquel il fit remettre le legs de la reine Isabeau de Bavière de triste mémoire. Dans son testament, elle avait prié les religieuses de réciter, pour le repos de son âme, cent sept psaumes moyennant un don de quatre livres deux sous huit deniers en faveur de leur église. Louis XI ne fit pas un long séjour dans la capitale, il retourna vers les plaisants pays de la Loire, qui eurent le privilége de conserver pendant plusieurs règnes le roi et la cour. Mais enfin les circonstances politiques devinrent telles, que Paris ou ses environs se retrouvèrent l'habitation obligée des chefs de la France.

HISTOIRE DE NEUILLY.

CHAPITRE III.

DEPUIS FRANÇOIS Iᵉʳ JUSQU'AU SECOND MARIAGE
DE HENRI IV. 1520-1600.

François Iᵉʳ, dont les lettres et les arts ont célébré
le règne en échange de la protection généreuse que
ce monarque leur accorda, sema autour de lui avec
une profusion d'artiste les résidences royales. Sans
parler des châteaux de Chambord, de Rambouillet
et de Villers-Cotterets qu'il construisit, des châteaux
de Blois, de Fontainebleau, de Saint-Germain qu'il
restaura, on sait avec quelle magnificence ce roi
prodigue et désireux des belles œuvres voulut avoir
plus près de lui, à Paris, des demeures élevées à son
gré suivant les progrès de l'art renaissant. Le bois
de Vincennes avait déjà son château, vieux donjon
illustré par la justice populaire de saint Louis, de
Philippe de Valois, de Charles V : impossible dès
lors de détruire ou même de modifier un monument
non moins glorieux qu'utile. François Iᵉʳ résolut
donc d'asseoir ses deux maisons dans les forêts les
plus voisines. A Bondy fut construit le château du

Raincy, œuvre incomplète qui fut remaniée plus tard, mais sans jamais obtenir pleinement la faveur et la prédilection de ses nobles maîtres. A Neuilly s'éleva un château grandiose, masse imposante, originale dans l'ensemble et dans les détails. Les règles du bon goût n'étaient pas encore fixées : l'édifice s'en ressentit. Habitation riche et somptueuse, qui vit passer dans ses murs des générations entières de rois, qui fut témoin des splendeurs et des scandales de trois siècles, Madrid un jour fut délaissé et condamné à la ruine. Vendu à vil prix, la main des hommes rapaces fut plus prompte à le démolir qu'à l'élever : il n'en reste plus aujourd'hui une seule pierre. Ce n'est plus qu'un souvenir, qu'un nom, mais il tient une trop large place dans les annales de Neuilly pour que nous n'essayons pas de décrire ce monument d'après les relations des auteurs (1) qui ont pu le contempler.

La forme du château de Madrid était un carré long. Deux pavillons ayant dans le milieu de leurs faces deux tours rondes, couvertes d'un campanile, formaient des avant-corps ; aux extrémités de leurs angles se dressaient encore d'autres petits pavillons de même figure. Autour du rez-de-chaussée et du premier étage régnait une galerie soutenue par des colonnes accouplées et d'où l'on jouissait d'un coup

(1) Dubreuil, Sainte-Foix, Piganiel, Dulaure.

d'œil ravissant. Ce château offrait trois singularités notables : d'abord il était éclairé par autant de fenêtres qu'il y a de jours dans l'année ; ensuite le revêtement intérieur avait été exécuté par un Italien, César della Robia, en terre cuite vernissée, sorte de brique recouverte d'émail qui reflétait les rayons du soleil avec un éclat magique ; aussi le peuple l'appelait le château de Faïence. Enfin il était entouré d'un fossé sur lequel aboutissaient les offices, appartements voûtés où avait lieu le service intérieur. Ce genre de caves-cuisines était tout à fait nouveau ; maintenant il est très-répandu en France et à l'étranger.

François Ier se plaisait beaucoup dans son château de Boulogne, et y faisait de longs séjours pendant lesquels il se rendait inaccessible à ses courtisans. Ceux-ci, faisant allusion au temps de sa prison à Madrid, où il ne pouvait être vu qu'avec difficulté, donnèrent par raillerie le nom de cette ville à la résidence favorite. Cette origine paraît assez naturelle si l'on fait attention à la répugnance extrême des Valois pour ce nom de Madrid. Tous les princes qui se succédèrent dans cette maison et s'y attachèrent ne la désignent dans leurs édits et dans leur correspondance que sous le nom de château de Boulogne. Quelques auteurs ont prétendu, mais à tort, que la forteresse où François Ier avait été renfermé en Espagne avait servi de modèle.

Cette création royale d'un édifice destiné à recevoir le souverain et la cour apporta un nouvel élément de prospérité à Neuilly, sur le territoire duquel le château était situé. Le roi régularisa les limites mal définies du bois, entoura son enceinte de bonnes murailles, précaution qu'il prenait en faveur de sa chasse et dont le bénirent les laboureurs de Chaillot et les cultivateurs de Villiers, des Ternes et du Haut-Roule. A cette époque, c'était une affaire de galères que de tuer un lièvre, même pris en flagrant délit de maraude dans les champs, et on conçoit que l'occasion se présentait quelquefois sur la lisière d'un grand bois giboyeux. François Ier ne vit pas le château de Madrid terminé ; les sculpteurs achevaient l'escalier d'honneur en y représentant les *Métamorphoses* d'Ovide, lorsque la mort enleva ce prince à l'âge de cinquante-trois ans. Roi chevaleresque et lettré, brave et téméraire, somptueux et prodigue, il fit avec une certaine gloire le malheur de ses peuples. Les revers personnels qui l'atteignirent dans les armes, les rudes luttes avec un adversaire tel que Charles-Quint, l'expérience de la vie surtout auraient pu donner à son gouvernement une direction meilleure, si sa passion effrénée pour le plaisir n'avait paralysé ses nobles et belles facultés. Il mourut dans les regrets, recommandant à son fils de ne pas imiter ses exemples. Tardifs regrets qu'Henri II léguera inutilement à son tour à ses successeurs! Nature molle et débonnaire, mais un peu lourde et matérielle, esprit dénué de spontanéité, mais docile instinctivement aux traditions paternelles, ardent pour les formes sensibles et les choses extérieures, le nouveau roi continua les œuvres de François Ier. Madrid avait déjà absorbé 400,000 écus; Henri II y consacra une somme relativement aussi forte. L'intérieur du palais fut décoré avec luxe ; les chiffres enlacés du roi et de Diane de Poitiers furent gravés partout jusque sur les cheminées au dehors, et, chose étrange qui ne surprend pas de la part de celle qui sollicita ce choquant contraste, le nom de Catherine de Médicis, la femme légitime, figura en maints endroits du château. Madrid vit souvent la cour se donner rendez-vous dans son enceinte. Neuilly prospéra en raison de cette affluence, et il fallut songer à bâtir une chapelle pour les nombreux gens de service attirés dans le voisinage. Un gentilhomme champenois, Jean-Baptiste de Chantemerle, ouvrit à ses frais près de la Seine cette chapelle qui fut, dès l'an 1540, desservie par un prêtre dépendant du curé de Villiers. La splendeur de Madrid devait bientôt s'évanouir, mais la chapelle resta et saint Jean-Baptiste demeura patron de Neuilly.

Après Henri II parut et disparut comme une fleur rapidement moissonnée le jeune François II. — Son frère Charles, enfant de dix ans, lui succéda sous la tutelle de sa mère. Ce prince montra par son triste règne combien est déplorable le sort d'un roi mal entouré, mal conseillé et livré sans contre-poids à ses propres passions, que l'éducation n'a ni entamées ni redressées. Cependant il ne manquait pas d'une certaine instruction ; comme tous les Valois, il avait du goût pour les lettres et les sciences (1), et savait versifier aussi agréablement que les meilleurs poëtes de son temps. Il composa même, à Madrid, sur la *chasse royale*, un ouvrage qui, précisément parce qu'il était technique et didactique, n'obtint pas la réputation et la popularité qu'un autre travail aurait facilement obtenu. Charles IX ayant passé plusieurs années de sa vie à Neuilly, on nous pardonnera d'insister pour le faire connaître en citant des extraits de sa vie écrits par Papyre Masson, son contemporain. « Il était grand de taille, mais un peu voûté, avait le visage pâle, maigre, les yeux jaunâtres, bilieux et menaçants, le nez aquilin et le col un peu de travers. Il était naturellement impétueux, impatient, furieux dans sa colère (tous indices d'un caractère profondément gâté). Il était assez ferme et entier dans son amitié... Il parlait fort bien sa langue, mais il jurait et se parjurait sans grand scrupule ; il croyait que ce fût plutôt un ornement de discours qu'un vice. Il se

---

(1) Qui ne connaît ces vers de Charles IX, adressés à Ronsard ?

L'art de faire des vers, dut-on s'en indigner,
Doit être à plus haut prix que celui de régner ;
Tous deux également nous portons des couronnes,
Mais roi je les reçois ; poëte, tu les donnes.

divertissait à divers exercices comme de danser, jouer à la paume, piquer des chevaux, leur forger des fers, et même il entendait mener le carrosse et le chariot. Il savait encore parfaitement le métier d'armurier aussi bien que celui de canonnier. Il s'adonna si fort à la chasse, qu'on peut dire qu'il était fou de ce pénible exercice, qui le rendait errant nuit et jour dans les forêts jusqu'à perdre le boire et le manger. Ce continuel acharnement après les bêtes le rendit cruel, mais contre les seuls animaux, car on ne peut citer qu'il ait jamais tué personne de sa main. Un jour avec son épée il coupa le cou à plusieurs ânes qu'il rencontra dans son chemin, mais il les paya à ceux à qui ils appartenaient. Il tuait avec plaisir les pourceaux, et sans épargner ses mains dans leur sang, leur arrachait les entrailles et les habillait avec autant d'adresse qu'aurait fait un garçon charcutier. Une fois qu'il voulut tuer le mulet du sire de Lansac, son favori. — Quel différend, roi très-chrétien, lui dit le gascon courtisan, est-il survenu entre Votre Majesté et mon mulet? — Le roi rit et le mulet fut sauvé. » Nous voici loin des délicatesses et des raffinements de François Ier et de Henri II; l'histoire pardonnerait aisément à Charles IX ces travers ridicules, si un forfait inouï commis par son ordre ne chargeait d'un poids pesant sa mémoire. Nous n'avons pas à parler ici des cruelles journées de la Saint-Barthélemy ; mais tout en regrettant cette sanglante

erreur, nous ferons des vœux pour que l'idée éminemment chrétienne du respect de la vie de l'homme
jette des racines de plus en plus profondes dans notre
société. Au XVIᵉ siècle, dans ces agitations et ces
convulsions mêlées autant de politique que de religion, la violence, la force brutale se substituèrent
trop souvent au raisonnement et aux moyens pacifiques de concorde. De là d'immenses malheurs et la
réalisation mille fois répétée de la parole évangé-
lique : Celui qui se servira de l'épée périra par
l'épée.

Charles IX aimait Madrid, où il avait établi ses
ateliers de charronnage et d'armurerie. C'était là
qu'il se délassait des soucis de la royauté en se livrant
avec une fougue impétueuse à tous les amusements
qui lui souriaient. Avant son mariage avec Elisabeth
d'Autriche, deux enfants lui naquirent au château
de Neuilly. Le premier ne fut pas reconnu et devint
plus tard évêque de Périgueux sous le nom de Béraud;
le second, fils de Marie Touchet, fut avoué comme
appartenant au sang royal et reçut les titres de
Charles de Valois, comte d'Auvergne, duc d'Angoulême. Ce prince, recommandé instamment à Henri IV
par Charles IX à son lit de mort, eut une existence
fort aventureuse, et grâce à sa mère, qui épousa Balzac
d'Entragues et en eut la fameuse marquise de Verneuil,
il fut enveloppé tout entier dans les replis de ces tor-
tueuses intrigues qui assombrirent la fin du règne

de Henri et préparèrent peut-être son assassinat. Charles de Valois mourut sans enfants.

Ce jeune monarque de vingt-cinq années était épuisé, il ne survécut pas aux émotions et aux remords excités par tant de sang répandu ; il mourut (1570) d'une maladie de poitrine, se félicitant de ne pas laisser de fils pour recueillir son dangereux héritage.

Henri III, son frère, malgré son renom de vainqueur, n'était pas capable de soutenir le fardeau de l'autorité. Prince sans conduite et sans idées fixes, irrésolu et changeant, mou et efféminé, joignant sans cesse les exercices multipliés d'une religion bizarre aux pratiques d'une immoralité dégradante ; tel est le roi en qui périt la maison de Valois. — Comme les siens, Henri III vint souvent à Madrid ; de là il allait chercher des divertissements aux environs, en particulier au château des Ternes, où demeurait un de ses secrétaires. Il eut la singulière idée de transférer à Madrid une ménagerie d'animaux féroces ; on logea par ses ordres des lions, des ours et des loups dans les caves, d'où ils sortaient pour se livrer entre eux des combats publics. En peu de temps, ces hôtes sauvages furent détruits et on ne les remplaça point. Henri médita alors de nouveaux projets sur Madrid. Il voulut y placer le siége de l'ordre du Saint-Esprit qu'il venait d'instituer. On aurait ouvert six grandes allées dans le bois de Boulogne, entièrement replanté d'ifs et de cyprès, et le long de ces avenues funèbres on eût érigé des mausolées splendides à chaque chevalier, qui y eût été représenté par une statue de marbre de grandeur naturelle. — Dans cent ans, disait le roi, ce sera une promenade bien amusante, il y aura au moins quatre cents tombeaux dans ce lieu. Cette bizarre conception n'eut pas même un commencement d'exécution. Des soins mille fois plus sérieux rattachaient malgré lui l'indolent Henri au gouvernement de la France, profondément divisée par les factions. On sait comment, après avoir opéré sa réconciliation avec Henri de Navarre, il fut réduit à assiéger Paris, capitale et siége de la Ligue. Les troupes royales campèrent d'abord près de la porte Saint-Honoré, puis rétrogradant à cause des vivres, Henri vint loger au château des Ternes, d'où il se transporta sur les hauteurs de Saint-Cloud, en laissant une garnison pour occuper le bac de Neuilly, la route de Saint-Germain et la résidence de Madrid, positions militaires importantes. La division béarnaise fut cantonnée à Meudon et à Issy; les Suisses s'établirent dans Surênes. Le siége était à peine commencé qu'un crime abominable termina l'existence du roi. Henri, assassiné d'un coup de couteau par un moine fanatique, sut mourir dignement. Heureux si toute sa vie il eût été aussi noble et aussi chrétien que dans ses derniers moments !

Henri de Bourbon, roi de Navarre, devenait roi de France par droit d'hérédité; il en prit le titre, mais ne fut reconnu que par un certain nombre de seigneurs, et encore à condition qu'il se ferait instruire dans la religion catholique. Pendant quatre années, ce prétendant légitime porta les armes contre ses sujets, remporta des victoires, obtint des avantages et fut enfin obligé, tout vainqueur qu'il était, de subir les conditions religieuses de la nation. Temps lamentables, où les deux partis commirent mille cruautés et souffrirent mille maux, suites inévitables des guerres civiles! La banlieue supporta presque entièrement ces malheurs, et l'on ne peut penser sans frémir au sort de ses habitants. En 1589, après la journée d'Arques, une tentative hardie avait mis le Béarnais en possession des faubourgs de la capitale, faubourgs que son armée, du reste, pilla et dévasta *méthodiquement*. L'attitude de la ville ne permit pas de profiter du coup de main.

En 1590, après la victoire d'Ivri, Henri revint bloquer Paris. Il ne commença point l'attaque, mais il fit brûler les moulins de la banlieue, couper les arbres fruitiers, ravager les moissons, enlever les bestiaux et resserrer ainsi la place dans un cercle de fer. Tous les lieux forts et les châteaux des environs furent occupés par des postes de royalistes distancés de lieue en lieue, et des partis de cavalerie complétèrent le blocus en battant sans cesse la campagne. Ces préparatifs ne servirent qu'à animer les assiégés. On vit alors ces fameuses processions de la Ligue, où prêtaient à la raillerie l'association étrange du froc et de la cuirasse, du bréviaire et du fusil, la gaucherie de soldats improvisés, mi-partis de moines et de prêtres, mi-partis de bourgeois et d'artisans. Cependant on ne doit point oublier, remarque un auteur (1) non suspect, que sous ces grotesques accoutrements battaient des cœurs animés d'un sombre enthousiasme et des courages inébranlables au milieu des misères d'un siége long et meurtrier. Les horreurs de la famine ne tardèrent pas à éclater dans la cité. Le 20 juin, quarante et unième jour du blocus, les provisions manquaient. On ordonna des visites domiciliaires au moyen desquelles on obtint quelques ressources bientôt épuisées. Au coin des principales rues on plaçait chaque matin de grandes chaudières remplies, les unes de bouillie d'avoine et de son, les autres de chair de cheval, d'âne et de mulet. La multitude affamée se battait, s'étouffait autour de ces étranges festins. La viande de cheval devint en peu de jours une denrée de luxe; les herbes et les légumes des jardins atteignirent à leur tour des prix exorbitants. Les secours publics s'engloutissaient comme une goutte d'eau dans cette océan de privations. Des milliers d'hommes, ou

(1) H. Martin, t. XII, p. 265.

plutôt d'ombres hâves et pâlissantes se traînaient le long des murailles pour arracher l'herbe d'entre les pavés, chercher dans les ruisseaux les débris les plus immondes, ou tendre des piéges dans les carrefours aux rares animaux qui avaient échappé à la proscription. Ceux qui avaient de l'or ou des effets précieux purent les échanger contre des vivres, en faisant appel à la compassion ou à la cupidité des assiégeants. Il y eut des familles qui ne vécurent que de suif et de vieux-oing pendant des semaines entières, et il y eut des misères plus inouïes encore et des aliments bien plus monstrueux. Après avoir sucé les cuirs desséchés, dévoré les rats et les souris, des malheureux pilèrent des ardoises qu'il avalaient délayées dans de l'eau ; d'autres allèrent demander aux restes des morts une horrible nourriture et broyer dans les cimetières des ossements humains pour les réduire en farine. Tous ceux qui goûtèrent de ces mets sans nom moururent. La détresse courbait sous son niveau les plus hautes têtes ; les chefs de la Ligue avaient à peine pour eux et leurs soldats le strict nécessaire. Le prévôt des marchands ne put trouver dans toute la ville *une cervelle de chien* pour en faire du bouillon à un de ses parents, qui mourut faute de secours. La plume ne peut décrire, l'imagination peut à peine se figurer l'épouvantable position de deux cent mille créatures humaines se débattant durant des mois entiers contre le cri de leurs entrailles

4

et l'agonie de leur famille. Les assiégeants voyaient avec stupéfaction cette prodigieuse patience d'une grande ville accoutumée comme elles le sont toutes, aux aises et à l'abondance de la vie. La force morale du peuple parisien déjouait tous les calculs du roi et de ses conseillers, et on ne pouvait dire, ajoute l'auteur déjà cité, que Paris fût contenu par la terreur et souffrît involontairement.

Henri IV, humain comme il l'était, ne pouvait entendre sans douleur les récits qui lui arrivaient de la capitale : la politique et la pitié combattaient dans son cœur. Il accorda la permission de sortir à plusieurs milliers d'affamés. Pour forcer le dénoûment, le 24 juillet, par une nuit noire et sans lune, l'armée royaliste, forte de 25,000 hommes d'excellentes troupes, assaillit les faubourgs des deux rives de la Seine. Le roi contempla du haut de l'abbaye de Montmartre ce combat nocturne qui enveloppait Paris d'une ceinture de feu ; toute la ville était éclairée au loin par les sinistres lueurs de la mousqueterie. Après une lutte de deux heures, les faubourgs tombèrent au pouvoir du Béarnais. La patience semblait toucher à la dernière limite, lorsqu'un cavalier venu de Flandre annonça l'arrivée prochaine des ducs de Mayenne et de Parme, accompagnés d'une armée considérable. Quinze jours ! Un affreux gémissement accueillit ce terme fatal, on voulut négocier, on complota même de livrer la ville. Ce terme impossible avait été franchi et dépassé sans que le secours parût. L'existence de Paris durant ce mois fut un miracle. On cherche en vain à comprendre comment vécurent ou plutôt comment languirent tant de milliers d'hommes qui passèrent la dernière semaine dans une attente pleine d'inexprimables angoisses. Enfin, le 30, au point du jour, les cris de joie des sentinelles attirèrent le peuple en foule sur les remparts. Les faubourgs étaient déserts, l'ennemi avait disparu, le siége était levé ! Henri IV n'avait pas jugé prudent de se laisser enfermer par l'habile duc de Parme.

C'est dans cette campagne que les chroniques placent les scandales donnés par les abbayes voisines de Paris. Nous devons parler des désordres de Longchamp, qui ont retenti comme de joyeux grelots de plaisir dans l'oreille complaisante des générations suivantes. Nous n'excuserons rien, mais nous exposerons tout. Il est facile de se représenter d'abord, au milieu des circonstances de la guerre, de la famine, du pillage, la situation de religieuses faibles, sans défense, manquant du nécessaire. L'armée qui s'installait dans les cloîtres était composée d'hommes élevés dans les camps, nourris à cette dure école qui ne suggère pas toujours la sagesse, et leur général en chef n'était pas un excellent modèle. Henri, dont l'incurable penchant pour le plaisir prépara de si grandes infortunes à lui-même et à sa race, en

lui léguant de funestes exemples et d'inévitables ex-
piations, porta ses intrigues dans les abbayes de Mau-
buisson, de Montmartre et de Longchamp.

La vie religieuse exige un grand sacrifice. Offrir
à Dieu une existence terrestre en échange du
ciel, c'est un acte solennel, tous en conviennent,
même ceux qui se mettent à un point de vue dif-
férent, acte d'autant plus solennel que, pour être
louable et méritoire, cette offrande de soi à Dieu
doit être entière et persistante. Or, quand les bases
de cette vie religieuse étaient partout ébranlées par
la lutte du catholicisme et du protestantisme, par
la séduction des passions mauvaises, où étaient les
véritables vocations, les religieux dévouements?
Puis l'éducation des femmes dans les rangs élevés de
la société était à cette époque trop souvent nulle ou
fausse, et beaucoup d'entre elles étaient entrées sans
vocation dans le cloître. Abdiquant facilement la
pensée même qui les faisait religieuses, elles tombèrent donc dans ces désordres qui nous étonnent et
nous révoltent. Ce que les hommes ne peuvent souffrir
avec raison, c'est cette hypocrisie volontaire ou non
qui résulte nécessairement d'actions faites en viola-
tion des principes que l'on affiche par son état de vie.
De telles infractions sortent de cruelles blessures à la
société en affaiblissant dans les âmes la croyance à
la vertu, à la conscience.

Henri IV, comme tous les hommes qui aiment

leurs plaisirs, voyait une occasion favorable à ses désirs coupables et mettait en œuvre toutes ses ressources, sans réfléchir plus loin. C'est ainsi que, poursuivant de ses assuidités Catherine de Verdun, religieuse de Longchamp, il la mena souvent au château de Madrid, où il lui fit présent de l'abbaye de Vernon. Cette intimité dura trois années, après lesquelles l'infortunée religieuse, touchée de remords, fit pénitence de sa conduite et répara le scandale par vingt-huit années d'austérités et de prières.

Avant de raconter la suite des événements, il nous faut revenir en arrière pour parler de l'héritier de Henri III. Le château de Madrid et le parc de Boulogne, qui nous intéressent, n'entrèrent pas dans la succession royale; ce fut la princesse Marguerite, femme de Henri IV, qui recueillit cette portion de l'héritage, et s'y attacha tellement qu'elle préféra Madrid à tous ses autres domaines. Cette princesse a joué pendant sa vie un assez grand rôle dans nos troubles politiques, et après sa mort, on peut le dire, par l'imagination fantastique de nos romanciers, pour que nous lui consacrions quelques lignes. C'est d'ailleurs justice, car de tous les rois et de tous les princes qui affectionnèrent notre ville, c'est elle qui lui montra la prédilection la plus constante et la plus soutenue.

Dernier enfant de Henri II et de Catherine de Médicis, Marguerite fit concevoir de bonne heure les plus belles espérances. Femme extraordinaire, disent

les historiens, elle étonna la cour brillante où elle
fut élevée. Elle avait un génie propre aux sciences
et aux langues ; elle parlait le latin, l'italien, l'espa-
gnol, comme le français, et quand les ambassadeurs
polonais vinrent apporter la nouvelle de l'élection
du duc d'Anjou, son frère, elle les harangua trois
jours et ils en furent émerveillés. Elle cultivait les
belles-lettres ; ses vers, comme ceux de Charles IX,
valent ceux des meilleurs poëtes, et ses Mémoires
prouvent son éloquence. Entourée d'écrivains qui
lui prodiguaient les éloges et l'encensaient des noms
de Vénus, d'Uranie, d'Astrée, elle aimait les savants, dont elle jugeait les travaux, les artistes, dont
elle appréciait les talents ; elle était l'étoile brillante
de la cour, applaudie, recherchée, chérie par sa mère
surtout, qui ne l'appelait que sa *gente Margot*. Les
avantages physiques ne lui avaient pas été refusés.
D'une beauté remarquable, elle tenait de son père par
son affabilité, ses airs légers et enjoués ; de sa mère,
par l'art de plaire et de briller. Rien n'égala l'empire
qu'exerçaient sur son entourage les charmes de son
esprit, la séduction de ses manières et les grâces de
sa personne. Malgré ces riches présents de la nature,
Marguerite sembla née pour apprendre aux grands
que rien, ni la naissance, ni le talent, ni la beauté,
ni la puissance, ne prévaut contre l'oubli du devoir.
Car, suivant ce qu'ajoute Brantôme, témoin que
nous aimons à citer en pareil cas, il y a des chagrins

inséparables des plaisirs et des voluptés, et fût-on
roi ou reine, souvent il en coûte plus pour se livrer
au désordre que pour s'en abstenir. Cette sentence,
profondément vraie, résume d'une manière énergique
la vie aventureuse et romanesque de Marguerite. On
comprend qu'il est aussi étranger à notre caractère
qu'à notre sujet d'entrer dans de plus grands détails
sur des intrigues et des liaisons dont le récit souille-
rait notre plume. Catherine de Médecis maria cette
fille de prédilection huit jours avant la Saint-Barthélemy, à Henri de Navarre, depuis Henri IV. Jamais
mariage ne se fit sous de plus tristes auspices. Marguerite prétendit plus tard qu'au moment de prononcer le oui qui engage en présence du prêtre, on lui
donna un petit coup sur la tête pour la lui faire in-
cliner, et que ce fut la seule marque de consentement
qu'on obtint d'elle. Son époux ne semblait pas mieux
disposé ; aussi vécurent-ils constamment séparés. Marguerite s'abandonna à de si grandes faiblesses, que son
frère Charles IX fut contraint de la réprimer publiquement. Tout n'était cependant pas vicieux dans le cœur
de cette princesse, s'il est vrai, comme un de ses biographes le rapporte, qu'on trouva en tête de ses papiers
cette sentence écrite de sa main : « Une femme est
« bien à plaindre quand elle a tout ensemble de l'at-
« tachement et de la vertu. Vouloir s'attacher avec
« mesure, c'est vouloir être fou avec raison. Las!
« ce que c'est que la vie, mon Dieu! que vos anges
« et vos saints sont heureux ! »

Quoi qu'il en soit de ces lueurs de sagesse et de repentir, Marguerite, sous le règne débonnaire de Henri III, reprit ses allures vagabondes. Elle courut dans le Midi s'emparer des domaines de son mari, occupa l'Agenois et Agen, d'où ses vexations la firent chasser. Contrainte de fuir, elle tomba enfin entre les mains du marquis de Canillac, qui l'enferma dans le château d'Usson, forteresse du Limousin. La prisonnière ne tarda pas à captiver son gardien, et pendant plusieurs années la voluptueuse princesse vécut au milieu des fêtes et des plaisirs qu'elle forçait Canillac à lui procurer, tandis qu'autour d'elle la France se débattait dans les angoisses de cruelles guerres civiles.

Cependant les événements marchaient : le roi de Navarre était reconnu roi de France, et les Bourbons avaient remplacé les Valois. Pour consolider ce règne nouveau, les conseillers de Henri IV pensèrent à le remarier ; il fallut songer alors à Marguerite. Le mariage avait été célébré dans des circonstances si violentes qu'on pouvait aisément trouver des empêchements sans torturer les faits. Le défaut de consentement, le degré de parenté (la grand'-mère de Henri IV, Marguerite d'Angoulême, sœur de François Ier, était la grande tante de Marguerite de Valois), et surtout l'absence de dispenses légitimes, tels furent les motifs de cassation que constatèrent les commissaires du pape. Henri écrivait à Marguerite des lettres fort amicales pour la prier de donner son consentement, l'assurant de son dévouement, lui remontrant qu'en rompant les liens conjugaux, si lourds, si difficiles, il leur resterait encore les liens si doux de frère et de sœur. »

La prisonnière d'Usson, quoiqu'elle se sentît indigne du trône, restait plongée des journées entières dans des réflexions silencieuses ; des larmes abondantes, elle nous l'apprend elle-même, coulaient de ses yeux. Lorsqu'on la pressa trop, elle écrivit à Sully « qu'étant fille de France, ayant été fille, sœur et « femme de roi, et seul reste de toute la royale race « des Valois qui respirât l'air de cette vie, elle aimait « et chérissait sa patrie, affectionnait tellement la « personne du roi et désirait si ardemment lui voir « des enfants légitimes qui pussent succéder sans dis- « pute à cette couronne, que n'étant pas en état « de lui pouvoir faire ce bonheur par elle-même, « elle le désirait et souhaitait en une autre qui fût « digne (1). »

Quand la duchesse de Beaufort (Gabrielle d'Estrées), cette prétendante que la passion du roi eût fait reine, fut morte, Marguerite se montra plus disposée en faveur du divorce. L'histoire doit lui tenir compte de cette jalouse énergie à sauvegarder la dignité de la future reine. Cependant Henri IV, de son côté, n'était pas moins perplexe. « Nous allons vous

(1) Sully, *Écon. royales*, ch. 85.

marier, Sire, » lui dit un jour Sully (1). Henri se promena un quart d'heure, rêvant, se grattant la tête et se curant les ongles sans rien répondre. « Eh bien « soit, puisque, pour le bien de mon royaume et de « mes peuples, vous dites qu'il faut être marié, il « le faut; mais c'est une condition que j'appréhende « fort, me souvenant toujours des mauvaise ren- « contres que m'a fait essuyer le premier où j'entrai. »

Dans d'autres moments, cette question importante il se la posait à lui-même, et exprimait à Sully ses pensées avec le bon sens et la finesse qui distinguent la lettre suivante. Elle nous montrera Henri IV sous un jour plus favorable et plus digne de sa réputation. « Si l'on obtenait les femmes par souhait, afin de ne « point me repentir d'un si hasardeux marché, je de- « manderais dans celle que j'épouserais sept condi- « tions principales : qu'elle fût belle, sage, douce, « spirituelle, féconde, riche et d'extraction royale. « Mais je crois, mon ami, que cette femme est morte, « voire peut-être n'est pas encore née ni prête à naître, « et partant voyons un peu ensemble quelles filles ou « femmes dont nous avons ouï parler seraient à dé- « sirer pour moi, soit dehors, soit dedans le royaume; « et pour ce que j'y ai déjà, selon mon avis, plus « pensé que vous, je vous dirai pour le dehors que « l'infante d'Espagne, quelque vieille et laide qu'elle

(1) *Écon. royales,* 1re partie, ch. 93.

puisse être, me conviendrait pourvu qu'avec elle j'épousasse aussi les Pays-Bas. Je ne refuserais pas non plus la princesse rebelle d'Angleterre, si elle en avait été déclarée présomptive héritière ; mais il ne faut s'attendre ni à l'une ni à l'autre... L'on m'a aussi quelquefois parlé de certaines princesses d'Allemagne desquelles je n'ai pas retenu le nom ; mais les femmes de cette région ne me reviennent nullement, et penserais si j'en avais épousé une d'avoir toujours un lot de vin auprès de moi ; outre que j'ai ouï dire qu'il y eut autrefois une reine en France (Isabeau de Bavière) de cette nation qui la pensa ruiner tellement que cela me dégoûte. L'on m'a parlé aussi de quelques-unes des sœurs du prince Maurice ; mais outre qu'elles sont huguenotes et que cette alliance me pourrait mettre en soupçon à Rome et parmi les zélés catholiques, qu'elles sont filles d'une nonnain, quelque autre chose que je vous dirai une autre fois m'en aliène la volonté. Le duc de Florence a aussi une nièce (Marie de Médicis qu'il épousa) que l'on dit être assez belle ; mais étant d'une des moindres maisons de la chrétienté qui porte titre de prince, n'y ayant pas plus de soixante ou quatre-vingts ans que ses devanciers n'étaient qu'au rang des plus illustres bourgeois de cette ville, et de la même race de la reine-mère Catherine qui a tant fait de maux à la France et encore plus à moi en particulier, j'appréhende cette alliance,

« de crainte d'y rencontrer aussi mal pour moi, les
« miens et l'État. Voilà toutes les étrangères dont
« j'estime avoir été parlé. Quant à celles de dedans,
« vous avez ma nièce de Guise, qui serait une de
« celles qui me plairaient le plus, nonobstant ce peti
« bruit que quelques malins font courir, qu'elle aime
« bien autant les poulets en papier qu'en fricassée,
« car, pour mon honneur, outre que je crois cela très-
« faux, j'aimerais mieux une femme qui fût un peu
« infidèle qu'une qui eût mauvaise tête ; de quoi elle
« n'est pas soupçonnée, mais au contraire d'humeu
« fort douce et agréable, et complaisante conversation
« et, pour le surplus, de bonne maison, belle, de
« grande taille et d'apparence d'avoir bientôt de beau
« enfants, n'y appréhendant rien que la trop grand
« passion qu'elle témoigne pour sa maison, et surtou
« ses frères, qui pourraient lui faire naître des désir
« de les élever à mon préjudice, et plus encore de
« mes enfants si jamais la régence leur tombait entr
« leurs mains. Il y a aussi deux filles dans la maiso
« du Maine, dont l'aînée, quelque noire qu'elle soit
« ne me déplairait pas, étant sage et bien nourrie
« mais elles sont trop jeunettes ; deux en celles d'Au
« male et trois en celle de Longueville, qui ne son
« pas à mépriser pour leurs personnes ; mais d'autre
« raisons m'empêchent d'y penser. Voilà pour ce qu'i
« y a de princes. Vous avez après une fille en la maiso
« de Luxembourg, une en la maison de Guémenée, m

cousine Catherine de Rohan, mais celle-là est hugue-
note et les autres ne me plaisent pas ; et puis la fille
de ma cousine la princesse de Conti, de la maison de
Lucé, qui est une très-belle fille et bien nourrie,
« aussi serait-ce celle qui me plairait le plus si elle
« était plus âgée ; mais quand elles m'agréeraient
« toutes, pour si peu que j'y reconnais, qui est-ce qui
« m'assurera que j'y trouverai conjointement les prin-
« cipales conditions que j'y désire et sans lesquelles je
« ne voudrais point de femme ? A savoir qu'elle me
« donnerait des fils, qu'elle serait d'humeur douce et
« complaisante , et d'esprit habile pour me soulager
« aux affaires, et pour bien régir mon État et mes en-
« fants, s'il venait faute de moi avant qu'ils eussent
« âge, sens et jugement, comme apparemment cela est
« pour m'arriver me mariant si avant dans l'âge. »

Marguerite après sept années de correspondance
et de négociations, accorda enfin son consentement,
connaissant que le choix du roi était tombé sur sa
cousine Marie de Médicis, et sachant bien d'ailleurs
qu'à la rigueur on passerait outre. Elle se réservait
le titre de reine, la jouissance de ses duchés de
Valois, comtés de Senlis et Clermont : de plus elle
demandait qu'on payât ses dettes et qu'on lui
allouât un douaire, ce qu'Henri IV accorda de
très-bonne grâce. Elle écrivit alors à Sully pour
lui annoncer sa volonté : « Je le fais, je le prétends
« bien volontiers et sans aucun regret, supportant

« si publiquement une telle diminution, connaissant
« que c'est le contentement du roi qui m'est toute
« chose, le bien de ce royaume, mon repos et ma
« liberté. » Elle ajoute avec une habileté que sa
fierté conseille, une proposition qui peint mieux
que toutes les paroles l'état de cette âme noblement
orgueilleuse, se redressant au souvenir de ce qu'elle
est et de ce qu'elle eût pu être. Elle ne veut pas
comparaître devant une commission pour déposer
de vive voix ce consentement fatal : « Ce serait une
« confusion et un déplaisir si grands que je ne les
« saurais supporter; je craindrais que mes larmes
« ne fassent juger quelque force et quelque con-
« trainte qui nuirait à l'effet que le roi désire. Pour
« éviter cet accident, je ferai tant par notaire que
« par ma main les actes qu'il plaira au roi m'or-
« donner. Vous m'obligerez, autant que si vous me
« donniez la vie, de faire que cela se passe ainsi, et
« c'est le meilleur, car je sais bien que mes larmes
« feraient quelque acte contraire à ce qui est néces-
« saire (1). Usson, 21 octobre 1995. » Lorsque
Henri vit le consentement taché des pleurs de
Marguerite, il prit cette pièce en pleurant lui-même
et il s'écria : « Ah! la malheureuse! elle sait bien
« que je l'ai toujours aimée et honorée, et elle,
« point moi, et que ses déportements (il aurait pu avec

(1) *Mémoires et Lettres de Marguerite de Valois.* — Edition
Guessard.

« justice dire nos déportements) nous ont fait séparer
« il y a longtemps l'un de l'autre. » Néanmoins il
lui envoya une ambassade d'honneur pour la
remercier. Cette visite, ces nouvelles de Paris, de la
cour, de ce monde oublié, tout raviva les chagrins
de la princesse; l'ennui, ce compagnon inévitable
du plaisir sans fin et sans terme l'avait saisie, l'âge
de la maturité était venu; elle saisit donc la première occasion pour essayer de reparaître sur le
théâtre si regretté de ses premiers succès ; elle écrivit
au roi la lettre suivante, qui nous ramène à Neuilly :
« Monseigneur, j'ai su que vous aviez fait établir
« un ménage de soies en ma maison de Boulongne
« (*sic*) (Madrid), et par ce qu'on m'a averti que le
« sieur Balbani à qui Votre Majesté en avait donné
« la charge l'avait interrompu, ayant appris que la
« maison était à moi, j'ai été très marrie, m'estimant
« et mes maisons et tout ce qui est mien ne pouvoir
« servir à plus digne offrande ni qui soit plus
« agréable que ce qui est du plaisir de Votre Majesté;
« honorez-moi donc tant, Monseigneur, que d'en
« disposer à votre volonté et de croire que le chan-
« gement de condition ne changera jamais en moi
« ce devoir et cette volonté. Usson, 19 mai 1600. »
Pour avoir l'intelligence de cette lettre, il faut se
rappeler que Henri IV, voulant relever les établissements qui avaient dépéri dans les dernières guerres
et doter la France d'industries nouvelles, avait sur-

tout désiré donner à l'industrie de la soie (1) une impulsion efficace. En 1599, Olivier de Serres, le père de l'agriculture française, expédia par ses ordres à Paris quinze à vingt mille pieds de mûriers. On en mit aux Tuileries, au château de Madrid, où se forma, sous l'habile direction du Milanais Balbani, une magnanerie modèle. Le bois de Boulogne, pour ainsi dire abandonné en deshérence, avait paru propre à cet établissement; mais les intendants et les gardes, qui s'accommodaient assez bien de l'absence du maître, troublés dans leur paisible jouissance, firent savoir secrètement à Marguerite l'état des choses, et en attendant ils inquiétèrent tellement Balbani et ses ouvriers, que ceux-ci se retirèrent. Il ne resta de Balbani que son nom, demeuré à une allée du bois. Les noces du roi avec Marie de Médicis ayant lieu cette même année, il ne convenait pas que l'ancienne épouse reparût si tôt. Sully répondit à Marguerite par des politesses, espérant, sinon la contenter, du moins gagner du temps. En effet, dès l'année suivante, l'exilée d'Usson réclama encore son château de Madrid. Sully se souciait assez peu de la magnanerie de Neuilly. Ce grand ministre

(1) Olivier de Serres et de Laffemas avaient représenté au roi qu'il sortait chaque année de France 18 millions pour l'achat de la soie étrangère tant brute que façonnée. — Aujourd'hui c'est par centaine de millions qu'il faut compter les produits de la soie. Le nom de magnanerie vient de celui de *magniaux*, surnom des vers à soie dans le Midi. (H. Martin, t. XII.)

n'était pas favorable à ces projets nouveaux. Il prétendait que la France se bornât aux produits de son sol et aux fabrications absolument nécessaires, telles que le drap et la toile. « Autant il y a, disait-il, de « divers climats, régions et contrées, autant Dieu les a « voulu diversement faire abonder en certaines denrées, afin que par le trafic de ces choses, dont les « uns ont abondance et les autres disette, la société « humaine soit entretenue entre les nations, tant « éloignées puissent-elles être les unes des autres. » Il concluait que le mûrier et le ver à soie n'étaient pas faits pour la France. Son raisonnement sur la nécessité providentielle des échanges entre les peuples était juste et vrai, mais l'application portait à faux, puisque la nature n'a mis aucun obstacle à l'introduction des précieux insectes et de l'arbre qui les nourrit dans notre climat. Marguerite trouvait donc un défenseur dans Sully ; mais celui-ci aimait mieux savoir l'ex-reine dans le Limousin qu'à Paris, et il traînait en longueur. A la fin Marguerite perdit patience, entama une correspondance directe avec le roi, lui annonçant son arrivée à Neuilly. « Je supplie « très-humblement Votre Majesté, lui dit-elle, d'avoir « pour agréable, à cette heure que ma maison de « Boulogne (Madrid) n'est plus nécessaire aux faiseurs de soie, qu'elle me soit remise. L'air de cette « demeure m'étant plus sain que celui de Villers-« Cotterets, lequel, Monseigneur, comme tout ce qui

« est à moi est à Votre Majesté et lui sera plus propre
« pour la chasse. S'il lui plaît donc me la faire re-
« mettre, je la ferai meubler et accommoder et m'y
« rendrai, Dieu aidant, avant que le mois de sep-
« tembre passé, pour y recevoir les commandements
« de Votre Majesté et lui offrir tout ce que peut
« prétendre et posséder votre très-humble et obéis-
« sante servante, sœur et sujette, Marguerite,
« 12 août 1695. »

Marguerite se mit en route, et dans les principales villes sur son passage on lui rendit tous les
honneurs dus à son rang. A Chartres, le duc de Bellegarde la complimenta de la part du roi, et le 20 septembre elle arriva au château de Madrid, où le lendemain le duc de Vendôme, Harlay de Chauvallon,
plusieurs autres seigneurs de marque, et le corps di-
plomatique, vinrent la saluer. Marguerite était assez
incertaine du parti qu'elle devait prendre, s'établir à
Paris ou demeurer dans sa maison du bois de Boulogne. Elle se décida pour les deux projets; elle fit
construire en face le Louvre un hôtel somptueux
(Palais des Beaux-Arts), dont les jardins magnifiques s'étendirent jusque vers la rivière, et elle sé-
journa au bois. Le roi l'envoyait saluer de temps en
temps par quelques gentilshommes, et en apprenant
ces constructions nouvelles, il la fit requérir de deux
choses : « L'une que, pour mieux pourvoir à sa santé,
« elle ne fît plus comme elle avait coutume, la nuit

« du jour et le jour de la nuit ; l'autre, qu'elle res-
« treignît ses libéralités et devînt un peu ménagère. »
On reconnaît dans ces sages observations le droit
sens et l'économie de Sully. Quant à ce qui concerne
le règlement de ses journées, son historien nous ex-
plique la singularité de la demande du roi. On ne
pouvait décider Marguerite ni à se lever, ni à prendre
ou quitter ses vêtements ; paresseuse et insouciante,
il fallait, à Madrid surtout, où l'absence des courtisans la laissait plus libre, des prières multipliées,
quelquefois même de la rudesse et de la violence
pour la déterminer à ces actes si simples de la
vie privée. Du premier chef elle promit au roi « d'y
« apporter ce qu'elle pourrait pour contenter Sa Ma-
« jesté, encore que cela fût malaisé pour la longue ha-
« bitude qu'elle avait prise ; mais à l'égard de l'autre
« chose, il lui était du tout impossible d'être ména-
« gère, ne pouvant jamais vivre autrement et tenant
« cette libéralité de race. Comme à la vérité, pour-
« suit l'écrivain que nous citons, du côté de sa mère,
« les Médicis ont été tous notés de prodigalité déme-
« surée, et si pour cela n'en ont pas été estimés plus
« gens de bien (1). »

Le malheur et l'expérience avaient peu changé
l'âme de Marguerite : la vie qu'elle mena au château
de Madrid pendant quatre années semble démontrer

(1) L'Estoile. *Journal de Henri IV*, 1605.

que, chez certains caractères, les plis une fois formés
ne peuvent plus être redressés. Religieuse à sa façon,
elle observait minutieusement les pratiques les plus
rigides; prosternée des heures entières au pied des
autels, elle entendait souvent plusieurs messes en un
jour; le monastère de Longchamp et celui des Petits-
Augustins étaient ses lieux de prédilection. Elle
visitait ordinairement chaque mois les hôpitaux,
entretenait annuellement 1,200 pauvres, distribuait
elle-même, le jour de son baptême et aux quatre
bonnes fêtes, 100 écus d'or aux malheureux. Elle
avait dans sa maison, montée du reste sur un pied
royal, quarante prêtres, aumôniers et chapelains, et
un évêque veillait avec soin sur leur travail et leur
vie régulière. Ce qui le prouve, c'est que le jeune
Vincent de Paul, revenant de sa captivité d'Afrique,
ne dédaigna pas de subir les épreuves nécessaires et
d'entrer en qualité d'aumônier au château de Madrid. Nonobstant cette dévotion, Marguerite, par une
inconséquence que n'effrayait pas la publicité, passait
avec la plus déplorable facilité des exercices de piété
aux raffinements les plus variés du désordre. Étrange
et bizarre association des sentiments les plus divers,
elle fit assassiner de sang-froid, en plein midi, dans
la rue, un gentilhomme qui, à la vérité, avait tué
dans un duel déloyal un de ses écuyers qui lui tenait
fort au cœur. Le roi, irrité de ce meurtre, adressa à
la princesse des remontrances aussi justes que sé-

vères. Marguerite parut étonnée que sa vengeance eût attiré l'attention de Henri et promit de faire dire cent messes pour le repos de l'âme de sa victime.

L'allée du bois qui conduit de Madrid à Longchamp a toujours conservé le nom de la Reine Marguerite dans la tradition du peuple. Les désordres des grands, auxquels sont initiés les complices et la domesticité n'étaient pas aussi publiquement connus qu'on pourrait le croire ; après leur mort, il en est différemment par la divulgation maligne des chroniqueurs, des mémoires et par la véracité de l'historien. Toujours est-il que les qualités de cette princesse la rendaient affable et populaire ; d'ailleurs elle aimait Madrid, création de sa famille. Dans une lettre à Henri IV se manifesta cet amour pour une habitation qu'elle embellit de tout son pouvoir. « Monseigneur, je passai « dernièrement à Boulogne (Madrid), où j'ai trouvé « un si grand dégât de bois qu'ont fait les enfants de « la gruyère (les gardes), que si c'était trois mois de « plus, je crois qu'il n'y aurait plus de bois. Je désire « conserver, embellir cette maison pour Monsieur le « Dauphin. J'aurais extrême regret de la voir ainsi « ruiner ; ce qui me fait très-humblement supplier « Votre Majesté d'avoir pour agréable que je l'en ôte. « J'ai donné cette commission à un honnête homme, « M. Louis Delaforest ; il rendra la casine meublée « et propre, et la porte ouverte quand il plaira à « Monseigneur d'y aller, ne voulant chose qui ne soit

« point pour servir à Votre Majesté et lui rapporter
« du plaisir. »

Marguerite ne jouit pas longtemps de son château.
Une maladie pestilentielle ravageait Paris ; pour
échapper à la contagion, elle se retira à Issy dans une
maison qui appartient aujourd'hui au séminaire de
Saint-Sulpice. Là elle termina sa carrière (1615) avec
des sentiments touchants de pénitence et de regrets.
Sa mort passa inaperçue au milieu des troubles nais-
sants de la minorité de Louis XIII. Après elle le duché de Valois fit retour à la couronne, ainsi que le
bois de Boulogne et le château de Madrid.

HISTOIRE DE NEUILLY.

CHAPITRE IV.

DEPUIS LE SECOND MARIAGE DE HENRI IV JUSQU'AU
RÈGNE DE LOUIS XV. 1680-1715.

Saint-Germain-en-Laye était après Madrid la résidence royale la plus rapprochée de Paris, la plus
agréable par son site et par sa salubrité. Marie de
Médicis, la nouvelle reine, en fit promptement sa
demeure favorite. Elle s'y rendait souvent malgré
l'embarras d'une rivière à passer deux fois en bateau ;
le roi l'y accompagnait fréquemment. Un jour qu'ils
revenaient ensemble de ce château, un accident, qui
fût devenu aisément une catastrophe horrible, les
surprit en traversant le bac de Neuilly. Ils étaient
accompagnés dans leur coche par les ducs de Vendôme et de Montpensier, la princesse de Conti et le
cardinal Du Perron. Le roi et sa suite, comme à l'ordinaire, n'étaient pas descendus du carrosse, lequel
fut chargé sur le bateau. Les chevaux disposés avec
leur attelage étaient en avant pour reprendre sans
perte de temps le chemin du Louvre. Déjà on était
arrivé presque au bord de l'autre rive, lorsque les

deux chevaux de derrière, qu'on avait oublié de faire boire, tentés en apercevant l'eau si près d'eux, firent un mouvement trop brusque qui renversa en un instant dans le fleuve le bac et le carrosse. Les gardes françaises de service se jetèrent avec leurs épées et leurs manteaux dans la rivière, aidèrent Henri IV à sortir du coche, et de concert avec le roi, qui dans cette périlleuse aventure avait conservé tout son sang-froid, ils travaillèrent au sauvetage de la reine, que l'on retira plus morte que vive par une des portières de la voiture. Les autres seigneurs, aidés par les gens du pays appelés au moment du péril, furent sauvés par le même moyen, et ils en furent quitte pour le désagrement d'un bain froid improvisé. Les six chevaux, embarrassés par leurs traits et attachés au carrosse embourbé à la fin dans la vase, furent noyés. Nous avons une lettre de Henri écrite le lendemain de l'accident ; voici comme il en en parle (1) : « 10 Juin 1606. Ma femme et moi « l'échappâmes belle hier ! mais, Dieu merci, nous « nous portons bien. » Quant à Marie de Médicis, elle fut tellement effrayée, qu'elle sollicita instamment la construction immédiate d'un pont en cet endroit fatal. Le roi y consentit, et le premier pont de Neuilly fut bâti en 1609; il était en bois avec

---

(1) *Lettres missives de Henri IV*, t. VI, p. 617.—Sainte-Foix, *Essais sur Paris*. — Dulaure, quoique sa version diffère un peu des précédentes.

dix-huit arches assez rapprochées l'une de l'autre, ce qui nuisit à la navigation et aussi à leur conservation. La tête du pont à Neuilly, comme à Courbevoie, reposait sur deux îles qui abrégeaient la largeur de la rivière. Ce pont, construit par un charpentier de Châteaudun, nommé Remi Basset, coûta 42,000 livres, mais les grandes eaux, les glaces, les bateaux de passage et la fréquentation qui s'accrut considérablement sur cette rive, ne tardèrent pas à rendre indispensable une autre construction plus solide et plus durable. Louis XIII accorda la concession de ce nouveau pont avec péage à Louise de Hautefort, demoiselle d'honneur de la reine Anne d'Autriche. C'était une récompense de la vertu et du mérite de la jeune fille, qui, pauvre par sa famille, put offrir avec d'autres avantages une dot plus convenable au vieux maréchal de Schomberg, qui l'épousa. Le pont de Neuilly fut donc en 1639 reconstruit sur le même emplacement (deux ou trois cents mètres au-dessous du pont actuel). Le bois était toujours la matière employée. Le constructeur fut maître Guillaume Andrieux, de Gournay, qui, moyennant 50,000 livres et l'abandon de l'ancien pont, se chargea de l'entreprendre. Il supprima deux arches et il donna aux autres une ouverture plus grande. Le péage modéré qu'on exigea des passants produisit, en 1654, près de 8,000 livres; en 1688, plus de 13,000 livres. Quand il fut question (en 1768) de remplacer ce pont, souvent en réparation, et trop étroit pour la circulation, on offrit aux héritiers de Louise de Hautefort, duchesse de Schomberg, une indemnité annuelle de 30,000 livres qu'ils acceptèrent.

Avec le pont, Neuilly gagna vite en importance. Il y eut deux gardes royaux, sorte de gendarmes, chargés de la police. Nous avons retenu les noms de ces deux premiers fonctionnaires, anciens soldats retraités : l'un était Flamand, de Dunkerque, et s'appelait Wanschooten, l'autre était Suisse et avait nom Muller. A côté d'eux fut installé un tabellion, en même temps procureur fiscal pour l'abbé de Saint-Denis. Madrid abandonné revit alors deux fois la cour. Une épidémie qui désolait Saint-Germain força le roi de se retirer momentanément au bois de Boulogne. Le règne de Louis XIII, fécond en événements mémorables tant à l'intérieur de la France qu'à l'étranger, ne produisit pas d'autres résultats pour notre histoire locale. Le cardinal de Richelieu avait son palais à Rueil. C'est là qu'il faut chercher la banlieue historique de cette époque. Après la mort de ce puissant ministre et du roi qui le patronait, l'autorité, tombée entre les mains d'une régente, Anne d'Autriche, subit de rudes et cruelles épreuves. Nous voulons parler des guerres de la Fronde, véritable tragi-comédie, a dit un écrivain contemporain, où les acteurs changent de rôles en même temps que d'intérêts ; où, à quatre reprises différentes, on vit les plus grands seigneurs du royaume donner le triste spectacle de leur versatilité rancunière et de leurs agitations sans but et sans fruits. La Fronde avait commencé par proposer d'excellentes réformes, à côté desquelles se trouvaient des mesures impraticables, nuisibles, plus spécieuses qu'utiles au bien public. En somme, si cette levée de boucliers eût pleinement réussi, c'eût été ressusciter les grands fiefs avec leur pouvoir quasi-souverain, et attribuer aux parlements une juridiction contre toute raison, précisément à l'époque où les parlements, par les conséquences de l'hérédité et de la vénalité des charges, étaient devenus moins dignes et moins capables. Les grands vassaux quasi-indépendants, les parlements eussent entravé toutes les grandes choses qu'avait à faire le gouvernement royal et n'eussent certainement pas empêché ses fautes. La Fronde eut un certain retentissement dans Neuilly. Nous allons raconter les événements qui ont rapport à cette localité.

Des édits d'impôts avaient été proposés au parlement, qui avait refusé de les enregistrer, en déduisant ses motifs. La querelle s'envenima promptement entre l'autorité royale et l'autorité judiciaire, et après d'aigres négociations, des mesures rigoureuses furent inopinément prises par la régente et son conseil. Des lettres de cachet furent expédiées aux trois présidents Potier, Charton et Broussel. Ce dernier, beaucoup plus connu de la multitude que les autres magistrats qu'on frappait avec lui, habitait une humble demeure rue Saint-Landri, près de l'Hôtel-Dieu, dans un des quartiers les plus populeux et les plus remuants de Paris. En quelques instants, toute la cité fut soulevée contre ceux qui emmenaient *le protecteur du peuple*. Le carrosse où l'on avait mis le prisonnier ayant versé sur le quai, Broussel allait être délivré si les gardes françaises ne fussent accourus prêter main-forte. On parvint à faire sortir le prisonnier pour le conduire à Madrid. Ce château reçut un détachement de soixante hommes avec deux pièces d'artillerie. Mais l'émeute n'en devint que plus furieuse; les chaînes se tendirent de rue en rue et le tumulte se répandit dans la ville entière. Les soldats postés aux environs du Pont-Neuf avaient une attitude triste et mal assurée; le maréchal La Meilleraie les fit se replier sur le Palais-Royal. On eût cru Paris reculé de soixante ans en arrière, se débattant dans les troubles des mauvais jours de Henri III. Le parlement résolut d'aller en corps exposer à la reine-mère l'état de la ville. Cette démarche demeura stérile. Lorsque la magistrature à son retour franchit les deux premières barricades, elle fut accueillie par des murmures; à la troisième, au coin de la rue de l'Arbre-Sec, elle fut arrêtée tout court. « Nous ramenez-vous Broussel? crièrent les gens qui gardaient la barricade. — Non, répondit le premier président, mais nous avons de

bonnes paroles de la reine (1). » Une huée terrible
s'éleva ; des hommes du peuple menacèrent Molé de
leurs hallebardes et de leurs pistolets. « Tourne,
traître, où tu es mort, » crièrent-ils. Regardant tran-
quillement le plus hardi des assaillants : « Mon ami,
dit-il, quand je serai mort, il ne me faudra que six
pieds de terre! » puis il s'en alla sans se hâter d'un
pas. Bon nombre de présidents et de conseillers moins
intrépides l'abandonnèrent en chemin. Cet incident
avait prouvé que le parlement lui-même ne pourrait
plus retenir le peuple. Anne d'Autriche ne voulait
pas céder, et se révoltait contre l'idée que son rang
et sa naissance ne se défendissent pas suffisamment
contre de semblables périls. Quelques mots de la
malheureuse reine d'Angleterre, qui était là comme
un exemple vivant de la fragilité des grandeurs humaines, firent plus d'impression sur la régente que
tout le reste. Elle courba la tête et subit la capitulation qu'il plût au parlement de lui dicter sous forme
d'arrêt. Broussel fit sa rentrée à Paris au bruit des
salves de mousqueterie, au son des cloches, au milieu des joyeuses acclamations d'un peuple innombrable. « Jamais triomphe de roi, dit madame de
Motteville, n'a été plus grand que celui de ce pauvre
petit homme, qui n'avait rien de recommandable que

(1) *Mém. de Retz.* p. 69. — H. Martin, t. XIV. — Mme de
Motteville. — *Mém.* d'Omer Talon.

d'être entêté du bien public et de la haine des impôts. » Le bon vieillard était tout étonné de son importance. Le lendemain, les barricades furent partout abattues ; la révolte s'était évanouie comme un rêve.

La Fronde avait livré son premier combat ; des circonstances étrangères à notre sujet renouvelèrent la querelle, qu'embrassèrent en haine de Mazarin plusieurs seigneurs de distinction. Après le siége de Paris et la paix de Rueil, on vit se former une nouvelle Fronde sous la pression des partis ameutés. Mazarin à deux reprises quitta la France, et enfin, dans le dernier assaut livré à l'autorité royale, Condé, le vainqueur de Rocroy, devint l'épée du parti rebelle. Fasciné par l'influence de sa sœur la belle duchesse de Longueville, il eut pour adversaire Turenne, qui, lui aussi, un moment, avait écouté l'enchanteresse. L'armée royale s'approche de Paris qui voulait rester neutre, et fortifie Saint-Denis, Asnières et Neuilly. A la vue des troupes, le peuple de la ville s'émut, et l'effervescence des bourgeois, d'abord indécis, augmenta. Condé donna des armes aux plus résolus, et pendant que Turenne attaquait le pont de Saint-Cloud, le prince fit une diversion et emporta Saint-Denis, qu'un corps royaliste reprit le lendemain. Les pourparlers devenaient inutiles, la force dut décider la question. Condé, avec des renforts considérables, se porta sur Saint-Cloud par Montrouge, et Turenne, suivi de la cour, s'établit à Saint-Denis. Il jeta un pont de bateaux sur la Seine à Argenteuil, afin de prendre de biais les rebelles. Le prince pressentit le projet de son adversaire, et malgré le détachement qui tenait le château de Madrid, il accourut à Épinay pour empêcher la construction du pont; mais il ignorait que Turenne s'était joint au maréchal La Ferté et que leurs forces réunies s'élevaient à douze mille hommes. Il jugea dès lors impossible de se maintenir à Saint-Cloud avec ses sept mille combattants. Le 1er juillet, il quitta son camp et résolut de gagner un poste plus facile à défendre, Charenton, au confluent de la Seine et de la Marne. Il pensait que l'armée royale le poursuivrait sur la rive gauche par Vaugirard et Gentilly, et il prit ses mesures, quoique la route fût plus longue, pour diriger ses soldats sur la rive droite par Passy, Montmartre, Belleville et Charonne. Il se trompait. Turenne, averti par ses éclaireurs, accourut par la plaine de Monceaux attendre l'armée frondeuse, qui, embarrassée par ses bagages, passa toute la nuit et les premières heures du jour à défiler le long des faubourgs du Nord (1). A la hauteur de la rue de Courcelles,

(1) Sur cet emplacement on a trouvé dernièrement dans les fondations d'une maison des pièces de monnaie d'argent se rapportant à cette époque, des tronçons d'épée oxydés, des éperons rouillés et des morceaux de bois doré façonnés comme des baguettes de tambour. Ces objets ont disparu dans les mains des ouvriers.

l'arrière-garde de Condé fut chargée et culbutée par l'avant-garde de Turenne après une vive résistance; la poursuite se continua avec acharnement, et les rebelles, dans l'impossibilité d'atteindre Charenton, furent obligés de s'abriter dans le faubourg Saint-Antoine. La bataille, livrée sous les yeux de la cour placée sur les hauteurs de Charonne, fut sanglante et meurtrière. Les Frondeurs, criblés de balles, tombaient malgré des prodiges de valeur; ils étaient perdus, lorsque le canon de la Bastille vint à leur aide; les portes de Paris s'ouvrirent devant les débris de leur armée. — Le coup était porté. Après quelques négociations, il fallut céder devant l'autorité royale : la Fronde était frappée au cœur. Le 21 octobre 1652, le jeune roi Louis XIV, qui occupait le château de Madrid depuis trois jours, arriva au Louvre au milieu des acclamations universelles. Il avait dans ses mains l'amnistie : le grand règne allait commencer !

Le château de Madrid n'a plus, à partir de ce règne, une histoire politique; ses destinées glorieuses encore n'offrent plus qu'un intérêt local et contribuent plus puissamment à faire entrer le pays dans une ère de développement qui ne fera qu'augmenter.

Neuilly devint alors le théâtre d'un accident, toujours des accidents ! celui-là ne fut pas de tout point malheureux, un accident en soi assez ordinaire, mais qui eut un grand retentissement. Au

commencement du règne de Louis XIV, la mode
avait déjà indiqué aux Parisiens, ou plutôt aux
équipages parisiens, comme but de promenade la
route du pont de Neuilly. La grande avenue des
Champs-Élysées n'existait pas encore; la montée
rude et escarpée du Roule, à travers les vignes et les
champs en culture, servait d'unique route. Or, un
jour d'automne, en 1654, par une belle matinée où
le soleil jette ses derniers rayons, un carrosse attelé
de quatre chevaux débouchait dans la plaine des
Ternes; les chevaux excités par la course, rencontrant un terrain facile et engageant, s'élancèrent
au galop sur ce chemin uni; arrivés à l'extrémité de
la route, qui tournait un peu brusquement vers le
pont de bois, le cocher fut impuissant à les maîtriser.
Le pont n'avait pas de garde-fou. A l'entrée, ils aper-
çoivent la guérite du receveur. Prenant ombrage,
ils se jettent de côté, et les deux trotteurs tombent
dans la rivière; la voiture devait immanquablement
suivre l'impulsion, lorsque, par une fortune providentielle, les traits se rompent et on peut arrêter,
suspendus sur le bord de l'abîme, les quatre promeneurs effrayés : un de ces promeneurs était
Pascal, les autres étaient le duc de Roannez (1) et
deux de ses amis.

(1) Roannez (Louis Gouffier), fils de Louis Gouffier, marquis d'Etampes et d'Eléonore de Lorraine-Harcourt, marquise

Pascal était né avec une des plus riches natures qui eussent jamais brillé parmi les hommes : vivacité et profondeur d'esprit, exquise sensibilité, réflexion et spontanéité, raisonnement et observation, aptitude à saisir à la fois l'idée et l'image en philosophe et en poëte, toutes ces qualités se développèrent avec une précocité inouïe. À douze ans, il avait écrit un traité des sons, découvert, à ses heures de récréation, les bases des mathématiques ; à seize ans, composé son traité des sections coniques ; à dix-neuf ans, réduit au moyen d'une machine toute espèce de calcul à une opération mécanique. Ensuite, il avait mesuré avec le baromètre la hauteur des montagnes et complété la découverte des lois de l'équilibre des liquides. L'extrême tension d'esprit épuisa les organes de l'illustre et malheureux jeune homme ; il se rétablit, mais une modification remarquable s'opéra en lui. Sans changer au fond de sentiment religieux, il s'éloignait peu à peu de la rigueur des principes et des pratiques de dévotion. Il entrait dans la vie générale, et se partageait entre le monde et la science. On le vit signaler tour à tour son génie par de nouvelles œuvres et de nouvelles inventions parmi lesquelles nous mentionnerons la *brouette*, et le *tombereau*, destinés à épargner tant de fatigues aux

de Beaumesnil, la Bardouillère et Bray en Normandie. Le duché de Roannez, érigé en 1642, passa quelques années après dans la maison d'Epernon-Bellegarde. — P. Anselme.

classes laborieuses ; à lui appartient l'idée première des voitures omnibus, idée qui ne put réussir à son époque. Les louanges du monde, l'accueil flatteur des savants, les jouissances de la vie, avaient entamé cette âme candide, et si nous en croyons quelques écrivains, notamment MM. Cousin et H. Martin qui donnent pour garant Fléchier, une passion profonde et (1) intime pour une personne de haute naissance absorbait le cœur de Pascal. Sa famille, qu'il avait entraînée autrefois dans l'austère solitude de Port-Royal, gémissait, priait, écrivait, encourageait, menaçait; Pascal se débattait en lui-même, plongé dans ses pensées pleines tour à tour de charme et d'amertume ; il était tout animé de cette vie extérieure qu'il condamnait et qu'il aimait, et avait en

---

(1) Le fait d'un vif attachement dans la vie de l'homme est trop humain pour n'être pas possible, mais les preuves sur lesquelles s'appuient les auteurs cités, afin d'établir la trop tendre amitié de Pascal envers Mlle de Roannez, ne nous paraissent pas assez concluantes en faveur d'une certitude. Ainsi M. Cousin a publié pour la première fois dans *la Revue des Deux-Mondes*, nov. 1843, un discours de Pascal sur la passion de l'amour. On a relevé de ce morceau, admirable du reste, quelques expressions isolées qu'on s'est trop empressé d'appliquer à la vie intime du penseur. Rien ne dénote nettement dans ces pages sublimes et passionnées un épanchement personnel. — M. H. Martin croit à cette affection, parce que, dit-il, Pascal attira dans le cloître Mlle de Roannez, ne pouvant souffrir que celle qui n'avait pu être à lui appartînt à un autre qu'à Dieu. Il remarque aussi cette phrase d'une lettre de Pascal, phrase qu'il appelle tristement significative : « La paix ne sera parfaite que quand le corps sera détruit. » Ces deux raisons ne sont pas valables, car elles peuvent s'appliquer à tout homme grave et religieux s'inspirant de l'esprit du catholicisme.

face de lui cette vie mystique et intérieure à laquelle il se rattachait malgré lui de toute la force de ses convictions et de sa conscience. L'accident de Neuilly décida du reste de sa vie. On eût dit qu'un coup de trompette du jugement dernier avait retenti à son oreille. Après sa mort, on trouva sur sa poitrine un papier qui ne le quittait jamais. Ce papier portait la date du 23 novembre 1654 (jour de la catastrophe), et ces quelques mots entrecoupés. « Dieu d'Abraham, « Dieu d'Isaac, Dieu de Jacob, non des philosophes « et des savants... Certitude, certitude, sentiment, « joie, paix, oubli du monde et de tout, hormis « Dieu... Joie, joie, pleurs de joie (1)! Jésus-Christ! « Jésus-Christ, mon Sauveur! »

La correspondance de Pascal et de sa famille jette une nouvelle lueur sur l'impression décisive qu'une organisation douée comme la sienne dut ressentir à la pensée d'une mort si soudaine et si effroyablement possible. Sa sœur écrivait, en 1653, à une amie : « Je « crois que Dieu écoute favorablement les prières des « pécheurs; j'y joins mon pauvre frère, et je vous « supplie d'en faire autant, afin que Dieu daigne lui

(1) H. Martin, t. XIII, p. 490. — La *Biographie* de Michaud (art. CONDORCET) assure que Voltaire faisait cette recommandation à Condorcet préparant une édition des *Pensées* : « Mon ami, ne vous lassez point de répéter que depuis l'accident du pont de Neuilly, le cerveau de Pascal s'est dérangé. » Il n'y a qu'une petite difficulté à cette assertion, c'est que depuis l'accident le cerveau dérangé a produit *les Provinciales* et les solutions des *problèmes de la Roulette.*

« ouvrir les yeux sur la vanité des choses de ce
« monde... » Un an après, à la même personne, elle
écrivait : « Il n'est pas raisonnable que vous igno-
« riez plus longtemps ce que Dieu opère dans là per-
« sonne qui nous est si chère , mais c'est que je désire
« que ce soit lui-même qui vous l'apprenne, afin
« que vous puissiez moins en douter. Tout ce que je
« puis dire, c'est qu'il est dans un grand désir d'être
« tout à Dieu, sans néanmoins qu'il ait encore déter-
« miné dans quel genre de vie... Je remarque en lui
« une soumission envers moi qui me surprend...
« Adieu, que tout cela soit dans le secret, je vous en
« prie, même à son égard. — Sœur Euphémie (1). »

Sœur Euphémie, femme digne de sa race, avait
une partie des dons naturels de son frère, rehaussés
par une règle religieuse sévère et par la séve abondante que la solitude et la modération donnent surtout aux âmes fortement trempées. Elle répondait à
Pascal, au commencement de 1655 : « Gloire à Jésus,
« au très-Saint-Sacrement.—Mon très-cher frère, j'ai
« autant de joie de vous trouver gai dans la solitude,
« que j'avais de douleur quand je voyais que vous
« l'étiez dans le monde... Je loue l'impatience que
« vous avez eue d'abandonner tout ce qui a encore
« quelque apparence de grandeur; mais je m'étonne
« que Dieu vous ait fait cette grâce. Il me semble

(1) *Fragments et Lettres*, édit. Faugère, t. I.

« que vous aviez mérité en bien des manières d'être
« encore quelque temps importuné de la senteur du
« bourbier que vous aviez embrassé avec tant d'em-
« pressement... Mais Dieu a voulu faire voir en cette
« rencontre que sa miséricorde surpasse toutes les
« autres œuvres. Je le supplie de la continuer sur
« vous en vous faisant profiter du talent qu'il vous
« donne. » Ce langage austère, Pascal l'avait tenu à
sa jeune sœur en l'inclinant doucement vers sa vocation. Il retrouve pour son propre compte ces paroles
sous la rudesse desquelles il sent la véritable tendresse chrétienne, aussi n'a-t-il garde de laisser tiédir
cette ferveur naissante. Il fallut que celle qui avait
provoqué ce retour à la vie pénitente et mortifiée
modérât une ardeur excessive. C'est dans les petits
détails que les hommes se montrent dans leur vrai
jour. On nous pardonnera de terminer ce qui a
rapport à Pascal dans notre histoire, en citant une
lettre familière de cette même sœur. « 1655. Mon
« très-cher frère, on m'a congratulé pour la grande
« ferveur qui vous élève si fort au-dessus de toutes
« les manières communes, que vous mettez les balais
« au rang des meubles superflus... Il est nécessaire
« que vous soyez au moins durant quelques mois
« aussi propre que vous êtes sale, afin qu'on voie
« que vous réussissez aussi bien dans l'humble dili-
« gence que dans l'humble négligence, et après cela
« il vous sera glorieux et édifiant de vous voir dans

« l'ordure, s'il est vrai, toutefois, que ce soit le plus
« parfait, dont je doute beaucoup, parce que saint
« Benoît n'était pas de ce sentiment. — Sœur Euphé-
« mie, religieuse indigne. »

Tandis que Pascal, sur un chemin de Neuilly, re-
venait ainsi à Dieu, non par l'esprit et le raisonnement, mais par le cœur et le sentiment, un autre
pénitent illustre, le cardinal de Retz, d'archevêque
de Paris devenu abbé de Saint-Denis, jetait dans ces
mêmes lieux les fondements d'une maison de campagne (1665), connue plus tard sous le nom de Saint-
James. Ramené après bien des agitations et des
troubles à une situation paisible, entouré d'un petit
nombre d'amis, il s'efforçait d'expier ses torts passés
en vivant davantage en prêtre et en évêque, et en
méditant les grandes vérités du christianisme, jusque-là si neuves pour lui. Son nom et sa résidence
reparaissent plusieurs fois dans les archives commu-
nales sans incident notable.

Non loin du cardinal de Retz, un autre personnage, dont la gloire pure et sans mélange devait re-
jaillir à la fois sur la religion et sur la patrie, Bossuet,
venait souvent se délasser sous les ombrages du château des Ternes. Habert, seigneur des Ternes, ancien
élève de l'antique collége de Navarre, recevait chaque
année dans son manoir les maîtres et les étudiants
de cette illustre maison, qui perpétuait dans l'Uni-
versité de Paris les traditions du talent et du travail.

Lorsque Habert quitta la capitale pour son lointain évêché de Vabres, Bossuet trouva des amis dans les nouveaux possesseurs des Ternes. Une copie d'une lettre adressée par le curé de Villiers à Bossuet, évêque de Meaux, rappelle les anciens souvenirs d'un séjour assez régulier qu'aurait fait sur sa paroisse le grand orateur chrétien ; et même le curé, jaloux avec raison de ce qui honorait son église, semble insinuer que les deux oraisons funèbres de la reine d'Angleterre et de la duchesse d'Orléans ont été composées et écrites dans le château même des Ternes. Nous n'avons que ce témoignage pour affirmer ce fait glorieux à Neuilly. Le nom de Bossuet se retrouve trois fois officiellement dans les actes religieux de la commune, mais toujours comme exerçant l'autorité épiscopale au sujet de dispenses de mariages ou permissions semblables. En 1682, le sieur Lebouteux de Boismont, trésorier du roi, fit bénir, dans l'appartement qu'avait occupé Bossuet, une chapelle sous l'invocation de Notre-Dame auxiliatrice. Le curé ajoute, dans une note du procès-verbal de la bénédiction, que cette chapelle sera d'un grand secours aux ecclésiastiques et aux fidèles du quartier, car l'église de Villiers tombait déjà de vétusté et n'avait pas assez d'autels pour les messes. Ce qui annonce le retrait et le mouvement de la population évacuant de plus en plus Villiers et se portant à Neuilly.

Derrière le château des Ternes, dans la plaine des

Sablons, une maison de campagne, modeste d'apparence, mais fort commode, était habitée par une famille célébre dans les lettres. Gilles Boileau, confondu
à tort par quelques biographes avec son père, réu-
nissait chez lui ses amis, la plupart auteurs, versificateurs et littérateurs. L'esprit et la facilité, que cet aîné
des Boileau possédait peut-être à un plus haut degré
que son frère, auraient pu rendre son nom illustre,
s'il avait su se plier à des études approfondies et à
un travail sérieux, sans lesquels aucune œuvre n'est
durable. Ressemblant surtout à son frère par son penchant pour la satire et par sa verve épigrammatique,
Gilles se flatta plus d'une fois d'être un homme redoutable la plume à la main. Dans une de ses épîtres
il s'exprimait ainsi :

> Moi d'ailleurs dont l'humeur critique
> Aux plus huppés ferait la nique,
> Et qui, dès mes plus jeunes ans,
> Appris l'art de railler les gens,
> Qui de mon premier coup de foudre
> Réduisis des colosses en poudre, etc., etc.

Le métier de satirique exercé avec cette fanfa-
ronnade n'est souvent ni commode, ni avantageux.
Gilles rencontra dans Ménage, Mlle de Scudéry et principalement Scarron, de rudes jouteurs qui le mor-
dirent de manière à mettre souvent les rieurs de leur
côté. De plus, une cabale formée par leurs soins empêcha, des années entières, la réception de Gilles

Boileau à l'Académie. Il s'en vengea en jetant à la façon des Parthes un trait calomnieux sur l'honneur de la femme respectée qui s'appelait Mme Scarron. Il n'y eut qu'une voix contre une injure aussi grossière qu'injuste (1). Gilles déclara qu'il était prêt à faire toute réparation et composa un madrigal fort obligeant cette fois pour la dame, mais très-mortifiant pour le mari. Ces assauts d'esprit, ces luttes passionnées, cette petite guerre de vers, de chansons et d'épigrammes, avaient le privilége d'émouvoir, de soulever la société. Scarron, dans une lettre à Fouquet, retrace au fameux ministre, dans de longs détails dont il ne veut pas priver son bienfaiteur, cette campagne satirique et ces traits dont il s'est *estocadé*. On ne sait trop, du reste, si les coups de plume n'ont pas dégénéré en coups de bâton, quand on lit ces vers qui ne sentent que médiocrement la modération :

> On sait de cent Boileau les tristes aventures
> Et leur dos ont souvent de noires meurtrissures.

Malgré la ligue de ses ennemis, Gilles Boileau fut enfin reçu à l'Académie, dix-neuf années avant son frère Despréaux. Gilles avait entrepris la traduction de Diogène de Laerce, lorsque la mort le prévint à l'âge de trente-huit ans. Il rendit le dernier soupir dans sa maison des Ternes, entouré de sa famille, devant la-

(1) *OEuvres de Scarron*, t. I. édit. Lamartinière. — *Vie de madame de Maintenon*, par M. de Noailles, t. I.

quelle il rétracta ce qu'il y avait eu de trop vif et de trop amer dans ses satires. Ses œuvres, insérées dans les recueils du temps, se composent de la *Vie d'Épictète*, de la traduction de l'*Enchiridion* de ce philosophe, de lettres, de discours, de poésies diverses et de dialogues, etc. (1). Gilles Boileau fut inhumé dans l'église de Clichy-la-Garenne (2).

Nous trouvons dans les archives de Neuilly un autre nom célèbre ; mais l'homonymie peut-être nous induirait en erreur si nous affirmions ce qui n'est qu'une conjecture. Un pavillon attenant à la maison de campagne du prince de Conti était occupé par un sieur Jean de la Bruyère. Faut-il saluer ici le nom de l'auteur des *Caractères?* Devons-nous accepter comme se rattachant à nous par le lien étroit d'une commune habitation cet esprit si fin observateur, cet écrivain qui a saisi et rendu dans ses portraits, avec un art et une vérité si admirables, toutes les nuances des inclinations et des penchants que nous appelons les mœurs de l'homme?

Avant de quitter le XVIIe siècle, nous glanerons encore dans nos archives, des noms glorieux qui appartiennent à notre histoire. Chacun sait qu'il était assez d'usage dans l'ancienne monarchie que le roi accordât des logements perpétuels aux grands digni-

(1) Goujet, *Bibliothèque française*, t. XVII, p. 179. — *Hist. de l'Académie française*, par l'abbé d'Olivet,
(2) Archives de Clichy, *Hist. de Clichy*, p. 176.

taires ou aux seigneurs distingués par leur mérite
ou leurs services. Or, sous Louis XIV le château de
Madrid avait en partie cette destination, qui eut
pour effet d'amener à Neuilly une population d'élite
permanente, dont le luxe, le train princier, les réceptions et la suite considérable devinrent très-profi-
tables au village. Nous signalerons parmi ces nobles
habitants le comte de Saint-Maur (Montansier), le
duc de Béthune, marquis de Chabris, ambassadeur
du roi en Pologne, qui épousa (1684), dans la pauvre
église de Villiers, la sœur de la femme du grand
Sobieski, Marie d'Arquien ; Charles Belgique-Hol-
lande de Laval-Montfort, duc de la Trémouille, Her-
cule Mériadec de Rohan-Montbazon, prince de Gué-
méné, le prince de Marsillac, Jérôme Bullion, comte
d'Esclimont, prévôt de Paris, etc., etc. Il est fort pré-
sumable que ces logements meublés par la couronne
recevaient tour à tour ces illustres familles, car,
malgré sa grandeur, le château de Madrid n'eût
pas présenté assez de ressources. Sous le règne de
Louis XV nous verrons moins de changements dans
les hôtes de Neuilly, et dans le XVIIIe siècle le loge-
ment perpétuel sera une réalité.

HISTOIRE DE NEUILLY.

CHAPITRE V.

Un des premiers qui jouit de ce privilége fut Fleuriau d'Armenonville, ministre secrétaire d'État sous la régence, ancien magistrat. Sa probité et sa droiture le firent employer dans des postes délicats; ses ennemis et ses rivaux ne lui reprochaient qu'un peu de bonhomie et de simplicité. Le marquis d'Argenson dit dans ses Mémoires : « Ce fut un « de ces chanceliers dont tout le mérite a consisté « dans leur docilité à suivre les impressions du mi- « nistère dominant, et à revêtir des marques les plus « respectables de l'autorité souveraine des réso- « lutions auxquelles ils n'ont eu aucune part. » Quoi qu'il en soit de la vie publique de Fleuriau, il garda avec honneur les sceaux pendant huit années. Son fils, le comte de Morville, lui fut associé dans la secrétairerie, et un brillant avenir se préparait pour cette famille ; mais la vie trop facile et trop molle du jeune comte la fit retomber bientôt dans une quasi-obscurité. Ce sont eux qui, après leur disgrâce, ont vendu leur hôtel à l'administration des postes, dont les services l'occupent encore actuellement.

Fleuriau d'Armenonville aimait le séjour de Madrid, où il passa près de vingt-quatre années (1704-1728). Il portait un vif intérêt à Neuilly, réunit plusieurs fois les notables de la paroisse, proposa une foule de bonnes mesures, adoptées plus tard, et si la mort ne l'eût prévenu, il eût changé l'aspect du pays. Il encouragea particulièrement une industrie que Colbert avait favorisée et à laquelle il avait concédé une partie des bâtiments du château de Madrid. Cette industrie s'étant trouvée à l'étroit, d'Armenonville se fit construire près de la Porte-Maillot un pavillon (qui porte encore aujourd'hui son nom), et abandonna ses appartements au chef de l'entreprise : c'était une manufacture royale de *bas de soie* qu'on avait dessein de créer et de soutenir. Les bas de soie, vêtement dont on ne soupçonne pas aujourd'hui l'importance, était un objet de première nécessité dans le costume des siècles précédents ; la culotte courte se complétait indispensablement par cet appendice, à la solidité et à l'élégance duquel on attachait le plus grand prix. La soie devenue plus abondante, les besoins du commerce et du luxe augmentant, on dut rechercher un mode de fabrication plus rapide que la main de la femme filant, et tissant avec lenteur. L'esprit d'invention stimulé par l'ardeur du gain, eut vite résolu le problème. Les Français et les Anglais revendiquèrent l'honneur de la découverte ; toutefois ce fut en Angleterre que la première application du nouveau procédé se fit sur une échelle commerciale. Les gains furent énormes, car on avait devant soi la plus riche et la plus élégante clientèle, les hautes classes de toute l'Europe. Le *Dictionnaire du commerce* rapporte qu'un Français, malgré la peine de mort décernée contre les révélateurs, restitua par un effort prodigieux de mémoire cette fabrication à sa patrie, d'où elle était originaire. Un sieur La Chevalleraye fut nommé directeur de l'établissement de Madrid ; il appela un certain nombre d'ouvriers habiles, que les actes nomment *bas-estamiers, ouvreurs de soie, soyeurs* ou *soyers*. Roland de la Plâtière a consacré d'immenses colonnes de *l'Encyclopédie (Arts et Métiers,* pages 185-204) à la description détaillée des procédés de fabrication; nous ne le suivrons pas dans ses explications; nous aimons mieux citer, sur le genre de fabrication usité à Neuilly, quelques lignes de Perrault : « Ceux qui ont assez de génie, non pas pour inventer, mais pour comprendre (ces détails), tombent dans un profond étonnement à la vue des ressorts presque infinis dont la machine à bas est composée, et du grand nombre de ses divers et extraordinaires mouvements. Quand on voit tricoter les bas, on admire la souplesse et la dextérité de l'ouvrier, quoiqu'il ne fasse qu'une maille à la fois ; qu'est-ce donc quand on voit une machine qui forme des centaines de mailles à la fois, c'est-à-dire qui fait en une minute ce que les mains font en une journée ? Combien de petits ressorts tirent la soie à eux, puis la laissent aller pour la reprendre et la faire passer d'une maille à l'autre d'une manière inexplicable, et tout cela sans que l'ouvrier qui remue la machine y comprenne rien et même y songe ! » Ces réflexions touchant le rôle des machines auxiliaires de l'homme sont particulièrement vraies dans notre époque, où les découvertes sont si nombreuses et si glorieusement utiles.

La fabrication des bas de soie se soutint pendant trente ans environ au château de Madrid. Il est probable que l'éloignement des pays producteurs des matières premières aura contribué à sa translation à Lyon et à Nîmes.

Fleuriau d'Armenonville fit exécuter, en 1714 et en 1727, deux recensements de la population de Neuilly ; en voici les résultats :

	1714.	1727.
Naissances..........	28	38
Mariages............	8	11
Décès d'adultes......	10	14
Décès d'enfants......	17	21
Population..........	733	888

Cette population groupée autour du pont de Neuilly pour la plus forte partie n'avait pas de centre commun; des habitations étaient éparses dans le haut Roule, dans les Ternes, à Villiers. D'Armenonville eut l'idée de construire l'église et le presbytère au milieu de la plaine des Sablons : le projet n'était pas mûr pour l'époque, il ne trouva aucun écho dans le pays. Loin de là, plusieurs mémoires assez violents furent rédigés contre lui par le seigneur de Villiers. Ce seigneur, appelé Jacques Rioul, ancien traitant, avait un goût prononcé pour la polémique; ce qui, joint à un esprit naturel très-original, le rendait redoutable ou tout au moins fort ennuyeux. Le curé de Villiers, affligé de la solitude et de l'abandon de son église, monument du XVe siècle, dégradé, fort petit d'ailleurs, construit pour deux cents paroissiens; touché de l'incommodité qu'éprouvaient ses ouailles pour l'accomplissement de leurs devoirs religieux et civils, goûtait les desseins de d'Armenonville : un changement quelconque lui semblait préférable au *statu quo*. Rioul, indigné de ce qu'il appelait la désertion de son Dieu et son pasteur, lui suscita une querelle tellement singulière, tellement extraordinaire, qu'on ne peut s'imaginer qu'il y a cent ans à peine d'écoulés depuis cette controverse où figura Fleuriau d'Armenonville, qui prit la plume et fournit des arguments au pauvre curé.

7

Cette dispute (1) défraya pendant de longues soirées les salons de Madrid, eut cours deux hivers à Paris, et les éditeurs de Hollande n'eurent garde d'en enrichir leurs recueils de nouveautés et de curiosités. Les archives de Villiers mentionnent simplement cette lutte ; les détails nous sont fournis par des ouvrages à peu près contemporains. Le sieur Rioul, entre autres taquineries, avait imaginé de réformer les pratiques du culte, et du même coup les honoraires du curé. La cure de Villiers n'était pas riche ; la dîme appartenait aux chanoines de Saint-Honoré, qui faisaient jouir le pasteur et les deux vicaires d'une portion fixe appelée *congrue*, s'élevant à 800 livres ; les oblations, les dons des fidèles, le casuel, venaient en aide à un si modique traitement. Le seigneur de Villiers attaqua successivement le pain bénit, le luminaire, la sonnerie, etc., obscures et pitoyables démêlés dont nous ne parlerions pas s'ils ne faisaient partie intégrante de l'histoire même du village. Du reste, on ne lira pas sans intérêt cette discussion, que je resserre dans les limites les plus étroites ; je donnerai un aperçu de la plus curieuse, touchant l'offrande du pain bénit. « On s'étonne, disait dans un de ses factums le sieur Rioul, qu'il y ait tant de misère parmi nous ; je m'étonne qu'il n'y en ait pas davantage...... On

(1) *Les Délassements d'un homme d'esprit*, Amsterdam, 1739 ; t. II, p. 252.

impose aux familles des dépenses qui les incom-
modent..... On ne croirait pas, si on ne montrait
pas un calcul exact, ce que coûtent à la nation tous
les ans certaines dépenses, le pain bénit, par exemple..... On sait qu'il y a 40,000 paroisses dans le
royaume sans compter les confréries, les corporations
des métiers et du négoce. Or, je crois qu'on peut,
du fort au faible, estimer à 40 sous chaque pain
bénit : 40,000 pains à 40 sous pièce font 800,000
livres, somme qui, répétée cinquante-deux diman-
ches, fait plus de 4,000,000 !.... Qui empêche qu'on
n'épargne cette dépense au public? Le pain bénit
ne porte pas plus de bénédiction que l'eau bénite.
On peut s'en tenir, à l'eau qui ne coûte rien et supprimer la dépense du pain, laquelle devient une
vraie perte. » — C'était court, adroit, fin, spécieux ;
aussi la plaisanterie eut de la vogue jusque parmi
les bateliers de Neuilly.

Le curé de Villiers ne tarda pas à répondre ; il le
fit avec érudition et gravité. S'élevant de prime
abord à des considérations philosophiques sur la
nature de la religion antique et des traditions pri-
mitives, il établit que chez tous les peuples le culte
avait toujours consisté dans un festin dont on offrait
le meilleur à la divinité, pour le reste être partagé, soit entre les prêtres, soit entre les assistants.
Il prouve que cette idée de repas, partout indissolu-
blement liée à l'idée d'une amitié faite ou à faire,

avait régné chez toutes les nations civilisées ou non,
et qu'encore aujourd'hui elle dominait dans la société, bien que la pensée religieuse se fût renfermée
dans l'intérieur des temples. Ensuite, parlant de la religion chrétienne, il montra que Jésus-Christ, recher-
chant ces traditions, les a dégagées de leurs souillures,
et que s'emparant notamment de l'idée du festin
comme lien général des âmes et des corps, il en a
fait le fondement de son culte, et que dans sa
dernière cène il a établi pour jamais ces repas mystérieux, ces agapes où ne doivent paraître que le
pain et le vin consacrés. Enfin, il montra que l'Église,
pour des raisons senties de tous, ayant restreint la
communion sacramentelle à ceux qui s'y étaient
dûment préparés, avait institué le pain bénit, souvenir et mémorial dont tous mangent et dont un morceau considérable est détaché pour porter tour à tour la
bénédiction sur les tables des familles. Ce mémoire
remarquable, que nous citons en substance, tout en
attirant l'attention des esprits sérieux et réfléchis,
portait trop haut; ce langage n'était pas à la portée
de tous. Un auxiliaire sinon plus solide, du moins
plus habile, apparut tout à coup; une réponse pleine
de verve et de malice fut trouvée sous le manteau
de la cheminée de Fleuriau d'Armenonville, qui ne
voulut pas en rechercher l'auteur. Attribuée tantôt
à Moncrif, tantôt à Collé, tantôt à Fontenelle, voire
même à Voltaire, elle détermina la défaite du sieur

Rioul, qu'elle combattait par ses propres armes :
« Lorsque j'entre, Monsieur, dans une église, je me
« représente la majesté de Dieu et souvent je gémis
« en comparant sa demeure avec celle des autres
« hommes ; aussi lorsque j'entends des voix qui
« enchérissent encore sur ce renversement de l'ordre,
« je gémis plus fort.... Vous, Monsieur, animé des
« intentions les plus charitables, vous nous proposez
« de supprimer pour 40 sous la cérémonie du pain
« bénit qu'enfant j'aimais par-dessus tout, qu'homme
« fait je ne dédaigne nullement.... Or, Monsieur,
« raisonnons : vous ne voulez aucune dépense
« superflue ; d'accord : mais souvenez-vous qu'il faut
« dépouiller l'homme avant Dieu.... Avec ce principe
« permettez-moi d'entrer dans votre appartement,
« et sans indiscrétion de vous découvrir. Afin que
« tous profitent des dépenses fabuleuses, exces-
« sives et superflues.... Je commence mon examen
« par votre tête respectable... Dites-moi, je vous prie,
« combien vaut la splendide perruque qui orne votre
« front, à combien revient l'entretien de cette
« machine compliquée?.... Combien avons-nous de
« perruques en France ? Mettons au plus bas :
« nobles, clercs, magistrats, bourgeois, nous avons
« bien deux millions ; or, deux millions de perruques,
« je les mets à 20 livres, valent 40,000,000. Qui
« empêche qu'on épargne cette dépense au public?
« Les cheveux naturels nous couvrent mieux que les

« cheveux d'autrui ; pourquoi ne pas se contenter de
« ce qui ne coûte rien ?.... N'oublions pas la poudre,
« Monsieur, cette fine fleur de la farine. J'aime
« mieux voir à l'église de bons paysans leur chan-
« teau de pain bénit à la main ou à la bouche, que
« de voir flotter autour de moi dans les airs des
« nuages de blé perdu.... J'estime non pas 40 sous,
« mais au moins le double, la poudre que chacun
« consomme dans l'année. Voilà encore 8,000,000 !
« Je ne parle pas des perruquiers, ils portent
« lancette.... »

On sent une plaisanterie mordante unie au bon
sens, et si ces raisonnements, valables pour l'époque
où chaque personnage un peu marquant se croyait
tenu à la gênante et incommode coutume des perruques, n'ont plus autant de sel et d'actualité, il serait
toujours facile de retourner le vicieux principe du
sieur Rioul. Cette lutte bizarre causa de la rumeur
à Neuilly ; mais à la fin les rieurs, charmés de se
mettre du bon côté, revinrent à l'ancien usage sans
paraître se soucier des arguments dont on les avait
entretenus. Le sieur Rioul partagea bientôt l'hilarité
générale, et mourut peu après d'une chute de cheval.
Il voulut être enterré sous le portail de l'église, et
sur sa pierre tumulaire il ordonna qu'on gravât
cette inscription qu'on y lisait encore en 1784. On
retrouve dans cette épitaphe, d'ailleurs plusieurs fois
reproduite, l'originalité du défunt :

Passant, ne penses-tu pas passer par ce passage?
Où, pensant, j'ai passé?
Si tu n'y penses pas, passant, tu n'es pas sage
Car en n'y pensant pas tu te verras passé.

Le château de Villiers, vendu avec ses droits seigneuriaux fort restreints, devint la propriété d'un chevalier de Socoly dont la famille était provençale. Ce seigneur garda une honorable obscurité; il n'est mentionné que quatre ou cinq fois dans les papiers de la paroisse.

Après ces débats, d'Armenonville obtint du roi la construction d'une chapelle à Madrid, avec deux chapelains pour la desservir. Rempli de sollicitude pour les intérêts du village, il s'occupa des écoles, et un jour qu'il avait fait baptiser dans l'église de Villiers un de ses petits-fils en lui donnant pour parrains six pauvres garçons, et pour marraines six pauvres filles, il offrit au curé 3,000 livres pour l'établissement projeté. Le grand chantre de Notre-Dame, sous la surveillance duquel étaient toutes les écoles du diocèse, vint recevoir et installer la première maîtresse, qui ouvrit une école paroissiale à Neuilly. C'était une institutrice habile, formée par les soins des religieuses de Jouarre qui l'avaient recommandée à d'Armenonville, qu'un voyage dans sa terre de Brie avait conduit à l'abbaye. On accorda à la maîtresse, nommée Catherine Houllier, une maison avec un jardin assez grand, plus 100 livres par an. Les enfants payaient une redevance mensuelle de 5 sous; en outre, il était d'usage que les garçons apportassent à Noël quatre chandelles (les plus riches donnaient la douzaine), et les filles un écheveau de laine dont le volume variait suivant l'aisance des parents; à Pâques, les enfants présentaient chacun deux œufs rouges. Quelque minutieux que soient ces détails, nous les recueillons avec soin, comme des souvenirs de la simplicité de nos pères et d'un temps qui n'est plus (1).

Les actes parlent peu de la tenue des classes, du nombre des élèves, mais on remarque avec peine que, dans les chaleurs de l'été, des écoliers imprudents se noyaient assez fréquemment dans la rivière. Aussi pour empêcher autant que possible ces accidents, la maîtresse transportait sa classe dans l'après-midi sur le bord de la Seine, où le sable fournissait une matière économique pour former, assembler les lettres. L'enseignement était simple et à peu près aussi fécond en résultats que dans nos écoles modernes. Lire, écrire, calculer, ces trois connaissances fondamentales que nos enfants d'aujourd'hui, sortant trop tôt de la classe, ignorent parfois, tel était le but de l'institutrice. L'histoire sainte, ancien et nouveau Testament, et le catéchisme, étaient les seuls livres

(1) Papien de Villiers. Statuts et Règlements des petites écoles de grammaire de la ville, cité, faubourgs et banlieue de Paris, avec le calendrier et le catalogue général des maîtres et maîtresses, etc. — Paris, 1734, in-12.

employés. D'Armenonville avait encore dans la pensée
un projet d'intérêt général pour le pays. Les Champs-
Élysées, plantés et dessinés sous Louis XIV, avaient
reçu de nouveaux embellissements par les soins du
marquis d'Antin ; de nouvelles allées, et surtout la
prolongation de l'avenue principale jusqu'à Chaillot,
avaient transformé cette promenade. D'Armenonville
s'entremit activement pour obtenir ce qui ne s'est
réalisé qu'un demi-siècle plus tard, la continuation
de cette magnifique voie de communication jusqu'à
l'entrée de Neuilly. La mort causée par des chagrins
domestiques, la démission que son fils donna brusquement de ses charges et dignités, enleva d'Armenonville à ses projets. Cet homme de bien mourut
au château de Madrid (1729), vivement regretté
du village, où ses bienfaits avaient été appréciés
dans les dures années qui terminèrent le règne de
Louis XIV (1). Le marquis, devenu duc d'Antin,
absorbé dans les ambitieux rêves de sa mère re-
mariée au comte de Toulouse, oublia les plans qui
l'avaient un moment séduit, et il alla porter dans un
nouveau quartier son luxe et ses prodigalités. Les
fortunes réunies des familles de Pardaillon, de Gon-
dun, des d'Epernon-Bellegarde, des Nogaret la Va-
lette et des Montespan, s'étaient accumulées sur sa
tête. La vie de la cour eut pour ces nobles familles

(1) En 1709, 1710, 1711, le pain valut jusqu'à 9 sous la
livre. Registre de Villiers.

de la France un effet plus destructeur que toutes les guerres étrangères ou civiles. Ce serait un curieux sujet d'étude que de suivre ces grands noms passant avec une rapidité fatale de race en race. Cet appauvrissement successif, ces substitutions (en tant que nombre), sont peut-être un des indices les plus sûrs, quoique des moins remarqués, de la décadence intellectuelle et morale de la noblesse à cette époque.

D'Armenonville fut remplacé au château de Madrid par le maréchal d'Estrées. Connu d'abord sous le nom de Cœuvres, il avait rendu, en qualité de vice-amiral, de grands services à l'Espagne, ou plutôt au roi Philippe V. Soldat courageux, marin expérimenté, sans atteindre à la renommée de son père, il sut acquérir une gloire véritable. Ce vieux maréchal, retiré avec sa femme Félicité de Noailles, mourut sans postérité à Neuilly (1737). Son nom et ses titres passèrent dans une autre famille, les Letellier-Louvois.

Tandis que des hommes distingués par leur vie et leurs travaux jouissaient ainsi d'un repos noblement acheté, une société nouvelle, légère, bruyante et voluptueuse, fit irruption dans le château si paisible de Madrid, et y apporta les mœurs de la régence. Deux princesses du sang, filles de Louis III de Condé, Mlles de Clermont et de Charolais, établirent à Neuilly leur petite cour, où vint briller en foule cette gentilhommerie dorée qui remplit le XVIIIe siècle de sa scandaleuse renommée, et fut durant soixante ans le type de la corruption élégante et de l'orgueilleuse frivolité. Malgré notre répugnance, nous relèverons les incidents les plus saillants de ce séjour. Mlle de Clermont fut bientôt chassée de Madrid par un épisode dramatique. Un de ses poursuivants, le comte de Melun d'Epinay, s'amusant à courir un cerf seul dans le bois de Boulogne, fut tué roide d'un coup de corne de l'animal. Son cadavre, ramassé l'après-midi par un garde, fut apporté en toute hâte, placé tout sanglant sur de la paille dans une pauvre charrette, au milieu de la cour du château. Au bruit de l'émoi général, les dames, occupées à faire quelques menues pâtisseries, accoururent les mains couvertes de farine et aperçurent le lamentable spectacle. Le lendemain, Mlle de Clermont avait quitté Madrid. Quant à la victime, elle n'emporta guère de regrets et de plaintes. C'était ce même comte de Melun qui, quatre ans auparavant, avait obtenu une si odieuse célébrité par l'enlèvement brutal des sœurs Camargo. (Voir *Causes célèbres*, t. VII.)

Mlle de Charolais s'attacha davantage à Neuilly ; elle y passa près de vingt années : nous devons donc insister sur son portrait. Élevée dans l'abandon le plus déplorable, comme ses frères et sœurs, cette princesse cacha de bonne heure sous les grâces d'un visage charmant et d'une fausse modestie le goût le plus ardent pour le plaisir, aussi les Mémoires du temps la mêlent à bien

des intrigues et en font l'héroïne de bien des aven-
tures. Sans réhabiliter cette équivoque réputation,
que l'histoire charge d'une lourde responsabilité en
l'accusant de complicité dans les efforts criminels qui
perdirent la moralité de Louis XV encore innocent,
nous rappellerons que Mlle de Charolais passait pour
s'être mariée en secret à un seigneur de son rang (le
prince de Dombes), mariage que les circonstances et
l'étiquette ne permirent pas de déclarer. Cette malheureuse fille des Condé s'excusait de *ne pas vivre
comme une bourgeoise*, rejetant ses entraînements sur
sa sensibilité extrême et sur sa crainte de l'ennui.
Pitoyables subterfuges qui n'empêchèrent pas la princesse de sentir cruellement les pointes acérées de
l'ennui au milieu de ces liaisons nouées et dénouées
par les sens, par la vanité, par les agréments les plus
superficiels de la figure et de l'esprit. Fatiguée de
l'habitation commune du château où elle rencontrait
des témoins incommodes, elle voulut avoir sa petite
maison ; elle se choisit donc derrière Madrid, à peu
de distance de Longchamp, un terrain assez spacieux
qu'elle demanda au roi (1). L'architecte n'ordonnant
pas les travaux au gré de ses impatients désirs, elle
le changea trois fois. Enfin le boudoir apparut dans
sa somptueuse simplicité. Les pièces étaient petites,

_____

(1) *Archives impériales.* Les plans, devis de tout ce qui se
rattache à Bagatelle se trouvent dans un même carton, y compris les lettres de la princesse.

mais richement ornées ; les glaces, les peintures étaient partout prodiguées : tout avait été sacrifié à la commodité. Le parc, admirablement dessiné, renfermait dix-sept arpents. Dans ce pavillon, qu'elle nomma Bagatelle, allusion à l'insouciance épicurienne qui devait loger dans ces murs, la princesse vécut d'abord dans la compagnie de la maréchale d'Estrées. Plus tard, elle y attira d'autres personnages marquants. Elle accueillait volontiers les autorités du pays, donnait des fêtes champêtres, mais par-dessus tout faisait beaucoup de promesses, dit le curé de Villiers (1), avec un visible mouvement d'humeur. Cependant elle promit sérieusement 20,000 livres pour l'érection de la nouvelle église (l'ancienne n'était plus qu'une ruine), et s'engagea de plus à en poser la première pierre. Le jour de la cérémonie, toute la population était de bout en habits de fête, les discours en l'honneur de la sérénissime princesse Louise-Marie de Bourbon-Condé préparés : on attendit six heures consécutives; enfin on fut obligé de choisir une autre dame, Mlle de Villefranche, qui posa cette pierre gravée aux armes de celle qui n'était pas

(1) Ce curé était messire Chauveau, docteur de Sorbonne, homme fort capable et fort dévoué à sa paroisse, qu'il desservit près de trente ans. Il soutint plusieurs luttes contre des prêtres intrus qui voulaient s'établir à Neuilly. Enfin il quitta lui-même Villiers pour se fixer au centre de la population. Ses efforts, sa persévérance pour obtenir une église, un cimetière, furent admirables. Il mourut sans avoir eu la consolation de terminer ses œuvres auxquelles, il légua sa fortune.

venue. Dans la soirée, Mlle de Charolais offrit ses excuses en les accompagnant d'une somme de 10,000 livres, ce qui fit tout oublier. A cette occasion, devant recevoir les remercîments du chapitre de Saint-Honoré et des notables de Neuilly, elle eut l'étrange fantaisie de se faire peindre par Boucher en habit de religieuse, choisissant le costume de l'ordre le plus austère et le plus dur, celui des franciscaines. Alors Voltaire, un de ses hôtes assidus, lui adressa cet impromptu trop connu :

> Frère ange de Charolais,
> Dis-nous par quelle aventure,
> Le cordon de Saint-François, etc., etc.

Mlle de Charolais mourut à Paris, dans l'hiver de 1758, et après elle la maison de Bagatelle retourna, suivant la clause expresse de la donation, à la couronne. Un petit prince né cette même année obtint ce pavillon.

Jusqu'ici le mouvement historique que nous avons décrit s'est concentré à une des extrémités du village ; maintenant le centre même de Neuilly devient le théâtre où figurent les personnages les plus importants du siècle. Sur les bords de la Seine, s'élevait, depuis 1668, une habitation modeste successivement occupée par les familles de Sassenage, de Gontaut-Biron et Olier de Nointel. En 1740, pendant un séjour qu'il faisait chez son beau-frère

Moreau de Séchelles, le ministre de la guerre, Voyer-d'Argenson, eut envie de ce site heureux ; la position, le voisinage, tout l'enchantait. Il acheta cent mille livres l'habitation et le parc de cinquante arpents, il chargea l'architecte Castand de lui construire une retraite à son goût, et le château de Neuilly fut édifié tel à peu près, sauf les agrandissements, que nous l'avons vu sous Louis-Philippe. Plusieurs terrasses ménagées avec art séparaient la maison de la rivière : une plate-forme à l'italienne, gardée par une balustrade dont les piédestaux portaient alternativement des vases et des groupes d'enfants, permettait à une nombreuse société de jouir de la beauté du coup d'œil; la maison, sans être grande, renfermait six appartements complets, décorés avec luxe et simplicité; les jardins présentaient par leur distribution les agréments les plus variés (1). C'est dans cette demeure que passa plusieurs années le marquis d'Argenson, qui partagea avec son frère les faveurs de l'opinion publique touchant leur capacité politique. De tous les ministres de Louis XV, ce sont eux à qui on attribua, soit à cause de leurs actions, soit surtout à cause de leurs écrits, le plus d'idées, véritablement sérieuses et de vues nationales. Fils du fameux d'Argenson, lieutenant de police pendant vingt-un ans et ensuite chancelier garde des sceaux, ils héri-

(1) Dezailler d'Argenville ; — Dulaure.

tèrent des qualités de leur père, qui, le premier, éleva la police au rang d'un ministère indispensable et en fit un des rouages essentiels des gouvernements modernes. L'aîné des fils avait une figure sérieuse et réfléchie, un air un peu rude et une grande taille penchée en avant; malgré son incontestable mérite, son extérieur emprunté, une certaine affectation de bonhomie et de vulgarité, un maintien guindé, l'avaient fait surnommer par les courtisans de Versaille d'Argenson *la bête*. Son frère, qui, d'après Voltaire, était l'homme accompli par excellence, n'avait pas été plus heureux, on l'appelait *la chèvre*. Nous n'avons pas à entrer dans le récit de la vie publique de ces éminents secrétaires d'État, que la médiocrité et l'envie poursuivaient de leurs sottes attaques; nous devons nous borner à les observer dans leur séjour à Neuilly. Indépendamment de leurs charges, de leurs richesses, de leur crédit, qui attiraient autour d'eux la foule ardélionne des curieux et des solliciteurs, ils avaient une nombreuse famille dont ils aimaient à s'entourer (1). Le marquis, par son goût prononcé pour les lettres et les sciences, s'était créé une sorte de cour, où abondaient les lettrés de cette époque si féconde. Neuilly, pendant ce temps, devint l'asile et

---

(1) Le marquis d'Argenson fut marié deux fois : 1° à Marguerite-Baptistine Baugé, fille du fameux fermier-général si riche et si vicieux; 2° à Pauline Fyot de la Marche, fille du premier président du parlement de Dijon.

le rendez-vous des illustrations littéraires comme aussi des écrivains de tout étage qui venaient saluer leur Mécène et leur protecteur. Dans ses Mémoires, d'Argenson se tait sur la multitude pour ne s'attacher qu'à quelques amis ; dans le jugement qu'il en porte, il n'est pas aveuglé par l'amitié. On nous pardonnera de faire connaître davantage l'homme et le siècle par des citations sur le caractère et les mœurs.

Fontenelle. — Sa conversation est infiniment agréable, semée de traits plus fins que frappants et d'anecdotes piquantes sans être méchantes. Il possède l'exquise politesse de l'ancienne société. Une dame à côté de lui ayant laissé tomber son mouchoir, Fontenelle, âgée de quatre-vingt-quatorze ans, ne put se baisser pour le ramasser. « Ah ! ma belle dame, lui dit-il, que n'ai-je quatre-vingts ans ! » C'est lui qui, en mourant centenaire, disait : « J'ai la consolation de n'avoir jamais donné le plus petit ridicule à la plus petite vertu. » (*Mém.* d'Argenson, p 422, 435.)

Montesquieu. — Le président n'est pas aussi vieux que Fontenelle et a bien autant d'esprit. Il a beaucoup de douceur, assez de gaieté, une égalité pafaite, un air de simplicité. Il a des distractions parfois, et il lui échappe des traits de naïveté qui le font trouver plus aimable.

Président Hénault. — Il est moins vieux que Fontenelle et moins gênant, parce qu'il exige moins de soins et de complaisance. Il a de l'esprit, des grâces,

8

de la délicatesse. Il cultive la musique, la poésie et la littérature légère. Il n'est ni fort ni élevé, ni fade ni plat. Après avoir été de l'Oratoire où il a puisé le goût de l'étude et de l'érudition, il nous a déclaré qu'il se bornait à être studieux et dévot. Il a fait une confession générale des péchés de toute sa vie, et à cette occasion nous a laissé ce trait plaisant : « On n'est jamais si riche que quand on déménage. » (P. 434).

Voltaire.—Je l'ai toujours fréquenté depuis le temps que nous avons été ensemble au collège Louis-le-Grand ; je l'aime personnellement et je l'estime à beaucoup d'égards, non-seulement comme un grand et harmonieux versificateur, mais comme un grand penseur... Voltaire n'a que quarante ans ; s'il parvient à la vieillesse, il écrira beaucoup et fera des ouvrages sur lesquels il y aura sûrement bien à dire pour et contre. Plaise au ciel que la magie de son style n'accrédite pas de fausses opinions et des idées dangereuses ! — Cette liaison d'enfance persista. « Je vous suis dévoué, écrivait, en février 1740, Voltaire au marquis, par l'attachement le plus tendre et le plus vieux. Il y a, ne vous en déplaise, quarante ans. Cela fait frémir ! » D'Argenson protégeait Voltaire en maintes rencontres. Il le fit recevoir par son crédit à l'Académie française, dignité qu'il ambitionnait depuis plus de quinze ans. « Sous le ministère de d'Argenson, dit Collé dans son Journal (décembre 1770), l'auteur de *la Henriade* eut un intérêt dans les fournitures de

l'armée et y réalisa d'énormes bénéfices. » Serait-ce
mal vous faire la cour, Monseigneur, que de vous
demander à vêtir et à alimenter les défenseurs de la
patrie? » écrivait-il au ministre, et le ministre se
montrait complaisant. Lors de la démission de son
ami, Voltaire ne se refroidit pas à son égard ; il écrivait à Moncrif de l'Académie : « Vous avez donc
« soixante-neuf ans, mon cher confrère? Qui est-ce
« qui ne les a pas ou à peu près? Voilà le temps d'être
« à soi. Oh! la belle chose que la tranquillité!... Je
« vous demande en grâce d'exprimer mes sentiments
« à M. d'Argenson. Je lui suis attaché dès ma plus
« tendre jeunesse, et c'est l'homme du royaume dont
« j'ambitionne le plus les suffrages et les bontés. »

Nous avons nommé Moncrif, ami familier et com-
mensal de d'Argenson; nous saisirons l'occasion d'es-
quisser cette existence bizarre, et nous citerons les
Mémoires du marquis. « C'est moi qui fis connaître
Moncrif à mon frère, qui fut enchanté de sa conversation. C'est un esprit orné de belles connaissances,
et sa mémoire est remplie de cent anecdotes. Il est
naturellement doux, toujours de votre avis et y ajoutant encore. On ne lui ferait pas dire du mal de la
lune, crainte de s'attirer des affaires. On payerait volontiers pension pour avoir et nourrir de tels hommes
de compagnie. Sorti d'une condition médiocre, il lui
a fallu passer par bien des échelons, depuis la bour-
geoisie renforcée jusqu'aux gens comme il faut, et

enfin aux grands et aux princes. Pour rester en paix avec tous, il s'est attiré une foule d'ennemis. » Moncrif remplissait, moins l'emploi, le rôle des fous de nos anciens rois ; il essuyait mille malices sur sa tournure, son épée, ses vêtements et son âge. Il n'est pas jusqu'au roi qui, le rencontrant un jour chez la reine, lui dit : « Ces dames, Moncrif, vous donnent quatre-vingts ans. — Oui, Sire, répondit-il, mais je ne les prends pas. » Ces plaisanteries étaient fort à la mode, et Moncrif expiait ainsi dans le grand monde les quarante mille livres de pension qu'il avait obtenues. Il faut convenir aussi que, pour un académicien, les titres de ses ouvrages étaient passablement ridicules. Il a laissé : 1° *Histoire des Chats*, in-8° ; 2° *les Moyens de plaire* ; et 3° *les Mille et un Quarts d'heure*,

A la suite de Moncrif, des pléiades de poëtes, d'écrivains, de versificateurs, enfants d'Apollon, se glissèrent à Neuilly, et il fut de bon ton de faire allusion à ce nouveau Parnasse :

> C'est dans ce bon esprit gaulois
> Trempé d'atticisme françois
> Qu'à Neuilly, Dorat et Saurin
> Puisèrent cet enjouement badin, etc.

L'intérêt le plus considérable de ces réceptions littéraires ne consista pas dans cette troupe enjouée et badine dont les noms, pour la plupart, sont ensevelis dans l'*Almanach des Muses* ou autres recueils semblables (1), mais bien dans cette phalange serrée d'écrivains philosophes groupés autour de deux ou trois noms et poursuivant sans relâche le but qui leur est désigné. Nous ne saurions nous résoudre à prononcer un seul mot à la louange de cette philosophie dont l'impiété railleuse et le cynisme grossier nous répugnent profondément. Peu importe que cette absence de tous principes fût à dessein adoptée comme moyen et non comme résultat, il nous suffit qu'elle ait existé et qu'elle ait, en flattant les passions de l'homme, porté à la morale publique un coup dont nous souffrirons longtemps. Nous dirons, avec un écrivain contemporain (2), que le plus grand malheur de la France a été qu'on eût laissé à cette philosophie l'honneur de répandre plus abondamment les lumières, le goût des sciences, des perfectionnements sociaux, les idées de droit, de liberté, d'égalité, d'humanité, idées sacrées, vraiment chrétiennes, que le despotisme et les courtisans outrageaient chaque jour, que la religion se contentait d'appliquer dans son domaine spirituel, sans chercher assez à les repandre dans la société, et dont le parti philosophique a eu l'habileté et le déplorable avantage de faire son drapeau. La royauté, le clergé et la noblesse n'ont

(1) Nous excepterons Marmontel, Duclos, Panard, Carmontelle, Collé, Voisenon, l'abbé d'Allainval. (*Mém. de Marmontel et de d'Argenson*)
(2) Alfred de Courcy, *les Historiens de la Révolution.*

songé qu'à conserver leurs positions respectives et se
sont tenus à l'écart d'un mouvement qu'il fallait diriger et non entraver. Diderot, d'Alembert, Grimm,
furent accueillis par d'Argenson, qui, quoique soup-
çonné de jansénisme, n'en faisait pas moins à ces
ennemis implacables de ses convictions religieuses
leshonneurs de sa maison de Neuilly. Jusque-là,
cependant, c'était la politesse, la douceur et la cha-
rité chrétiennes et littéraires; mais vinrent des jours
où il est difficile d'expliquer, non pas les égards,
mais la complicité réelle du marquis janséniste en
faveur d'une œuvre, bonne dans quelqnes-unes de ses
parties, mais mauvaise dans d'autres. On sait que
Diderot conçut l'idée d'un ouvrage immense, où l'élite
des écrivains réunirait en un seul corps l'ensemble
des connaissances humaines. Le prospectus (novembre
1750) établit le double objet de l'*Encyclopédie* : 1° le
tableau, l'arbre généalogique des acquisitions faites
par l'esprit humain dans les différents âges, avec un
aperçu de ses facultés, de ses progrès et de ses destinées; 2° le dictionnaire raisonné des sciences, des arts
et des métiers. L'idée était bonne, et eût été utile, si
l'exécution eût été sincère et de bonne foi. Les deux
premiers volumes, dédiés au comte d'Argenson, furent
reçus avec applaudissements. Déjà on sentait, à travers des ménagements calculés, l'esprit qui respirait
dans cette vaste composition, où, comme s'en vantait
d'Alembert, « plus tard on distinguera ce que nous

avons pensé de ce que nous avons dit. » Un éclair détermina l'orage. Un collaborateur, un abbé osa soutenir
en pleine Sorbonne une thèse où le déisme voltai-
rien et le sensualisme de Diderot étaient à peine dé-
guisés. Censuré par la Faculté, l'abbé se réfugia auprès du marquis d'Argenson, qui écrivit à son frère la
lettre suivante : « L'abbé de Prades, mon cher frère,
« a soutenu une thèse qui fait grand bruit. Je le
« connais pour un bon ecclésiastique. Il est un des
« ouvriers de l'*Encyclopédie*. Qu'il puisse espérer
« en vous, je vous en prie. » Grâce à cette recommandation, le fugitif gagna facilement Berlin et la
cour de Frédéric. L'impression de l'*Encyclopédie* fut
suspendue par arrêt du Conseil, et le directeur de la
librairie, Malsherbes, agit en conséquence. Il ordonna publiquement des poursuites, et en secret laissa
cacher au château de Neuilly les volumes publiés.—
Après des concessions, la permission fut de nouveau accordée, et l'œuvre se termina. Nous ne pous-
serons pas plus loin cette digression sur la vie littéraire du marquis d'Argenson. Cet homme si ferme et
si éclairé mourut à Paris en 1757, des suites de sa
disgrâce qu'il ne put supporter, et son fils, le marquis de Paulmy, céda pour un temps sa maison de
campagne à son cousin le comte de Caumartin. Gouverneur de l'Arsenal, il y fit transporter la riche bibliothèque de son père, l'augmenta considérablement, et vendit cette précieuse collection en 1785, au

comte d'Artois, depuis Charles X, mais en s'en ré-
servant la jouissance. Cette même année, il vendit
au surintendant de ce prince le château de Neuilly.
Le marquis de Paulmy, membre de l'Académie, littérateur infatigable, puisque plus de cent trente volumes parurent sous ses auspices, mourut en 1787.
Sa fille unique devint duchesse de Luxembourg (1).

Ce n'était plus seulement dans les deux châteaux
de Madrid et de Neuilly que la société brillante
affluait. Les registres de l'état civil constatent le séjour à Neuilly des familles les plus connues de la
monarchie. Ainsi dans la modeste église de Villiers,
au XVIIIᵉ siècle, on célébra les mariages suivants :
1712, de Moreau de Séchelles avec Alexandrine de
Foudras de la Richardière; 1737, de Louis le Pelletier
de Rosambo avec Marie de Mesgrigny; 1740, de
Maurice de Montmorency-Luxembourg avec Thérèse
de Rosambo; 1740, d'Yves de Maillebois avec Catherine de Vager; 1748, de Charles de Beauveau avec
Charlotte de La Tour-d'Auvergne; 1754, du marquis
de Beuvron d'Harcourt avec Marie Rouillé de Jouy;
1772, dans la chapelle des Ternes, le même jour,
du vicomte de Choiseul-Meuse avec Gabrielle de
Fleury, et du comte de Vaudreuil avec Pauline de

(1) Elle eut de ce mariage un fils, le duc de Luxembourg
actuel, une fille mariée à Anne-Pierre-Adrien de Laval-Mont-
morency, un des hommes d'Etat et des diplomates les plus distingués de la Restauration.

Ségur. D'autres actes font mention des maisons du prince de Conti, du duc de Belle-Isle, du marquis d'Acs de Brémond, de Choiseul-Praslin, de Monbrun d'Ygoville et de deux abbés dont le nom vulgaire devait cacher une grande naissance, à en juger par leur train de vie et leurs relations, l'abbé Boucher et l'abbé Henri Biron.

Après la noblesse du sang vient la noblesse d'argent. Neuilly eut ce privilége de servir d'asile à plusieurs fermiers généraux, trésoriers, receveurs de tailles, vivriers, fournisseurs des services publics de haut et de bas étage. Cette population fort mélangée, que ne dédaigna pas toujours dans ses alliances l'aristocratie appauvrie, était en général dépensière, fastueuse et peu scrupuleuse sur ses amusements. Les mémoires du temps sont intarissables sur le compte de ces capitalistes de l'ancien régime, sortis pour la plupart des dernières classes, et placés par la puissance de l'argent bien ou mal amassé, à la tête de la société. Il ne faut pas juger par des exagérations d'auteurs ni même par les actes de l'autorité de la moralité de ces intermédiaires financiers entre l'État et les contribuables. Trop souvent il y eut des déprédations et des excès commis sur le peuple par les receveurs mais le pouvoir n'attendait que l'occasion de leur faire rendre gorge. Ainsi, en 1716, une célèbre chambre de justice condamna quatre mille quatre cent seize comptables et munitionnaires à une amende de plus de 200 millions. De très-honnêtes gens se trouvaient compris dans cette mesure odieuse ; on usa donc d'indulgence, mais sans prudence, car on affranchit de toute taxe plus de trois mille condamnés, probablement les plus habiles, les plus intrigants et aussi les plus voleurs. Les autres payèrent 70 millions d'amendes, et tous conservèrent des fortunes colossales. Les fermiers généraux qui tinrent maison à Neuilly sont représentés comme des hommes intègres, quoiqu'ils eussent été taxés. On distingue Camuset de Riancé, notaire au Châtelet et fils du commissaire favori de d'Argenson, lieutenant général de police. Protégé par la duchesse de Châteauroux, Camuset obtint une place de fermier général et par son aptitude, par son intelligence il y réalisa des bénéfices légitimes, malgré l'amende de 130,000 livres dont ses comptes furent frappés : c'était un homme franc, ouvert, quoique grand dans ses manières. Fillon de Villemur, originaire de Reims, avait débuté dans les plus petits emplois, et de degré en degré il parvint si rapidement aux plus grands qu'à peine avait-on eu le temps de le suivre dans sa fortune, qui était immense ; il était d'une politesse infinie, mais un peu trop affectée. il ne fut taxé qu'à 40,000 liv. Telles d'Acosta, fournisseur de vivres aux armées, demeurait près de la Porte-Maillot, à côté du marchand de vin, le père Carillon. Ayant fait un retour sur son administration, il y découvrit, en erreurs involontaires,

17,000 livres, qu'il donna aux pauvres. Les agitations d'une vie passée à l'étranger et aux colonies l'avaient détourné de faire bénir son mariage ; après onze ans d'union, il reçut la bénédiction nuptiale, seul exemple que nous ayons rencontré à Villiers dans les deux cent cinquante années ! Lalive de Bellegarde, fermier général, élevé, nourri dans les finances, avait travaillé avec succès ; des richesses considérables avaient récompensé ses efforts, il avait acheté le château des Ternes, où demeurait sa famille très-nombreuse. L'auteur des mémoires qui nous guident dit de lui qu'il était d'une grande dévotion, fort charitable et très-bonnête homme, ce qui ne l'empêcha pas d'être taxé, à tort ou à raison, à plus d'un million d'amendes. Son fils aîné, qui eut la survivance de ses charges, fut le père de Mme d'Houdetot, si célèbre dans la vie de J.-J. Rousseau par la passion subite et violente qu'elle lui inspira. Mme d'Houdetot;, dont l'enfance s'était passée aux Ternes, affectionna ce séjour même après son mariage. Malgré nos recherches nous n'avons rien trouvé sur les tentatives prétendues de Jean-Jacques pour se présenter dans une maison qui renfermait l'objet de son affection. Des pièces qui ne nous semblent mériter aucune créance supposent au contraire que M. l'abbé d'Epinay invita et accueillit pendant une quinzaine l'écrivain génevois, dont on connaît assez du reste le goût prononcé pour le bois de Boulogne et ses en-

virons. Le dernier fermier général dont il nous
reste à parler est le plus riche, le plus influent
et celui dont le séjour fut, sans qu'il y pensât, le plus
utile à Neuilly : nous voulons parler de Lenormant
de Tournehem¹, oncle de la fameuse marquise de
Pompadour. Grâce à cette toute-puissante protectrice,
il obtint la direction de la compagnie des Indes, ce
qui lui valut en peu de temps une fortune énorme,
malgré les 340,000 livres d'amende auxquelles il
fut condamné. Il se retira dans la maison occupée
autrefois par le cardinal de Retz, près le pont de
Neuilly, et y commença les embellissements qu'acheva
un autre financier, Beaudard de St-James. Homme
d'esprit et fin courtisan, Lenormant se fit nommer
directeur général des bâtiments du roi. La marquise
de Pompadour avait déjà placé à la tête de ce service,
en qualité de surintendant, son neveu le marquis de
Vendière plus connu sous le nom de Marigny. Les
relations multipliées qui s'établirent entre Lenormant,
habitant la lisière du bois, et Marigny, installé dans
l'hôtel de Soissons (Élysée), leur donna l'idée d'abré-
ger ce long et ennuyeux circuit qui séparait leurs
demeures. Des plans dressés par ordre de d'Armenonville leur furent mis sous les yeux, et la prolongation de l'avenue des Champs-Elysées jusqu'au delà
de la Porte-Maillot fut décidée et commencée sur-le-
champ. C'était un travail immense. La butte de l'Étoile
fut coupée et aplanie, et jusqu'à la maison de

Lenormant, des montagnes de terre en remblai furent apportées pendant deux années pour établir cette magnifique route ; la moyenne du chargement des terres peut être évaluée à 4 et 5 toises de hauteur. Ce percement, sans être complet comme il le sera plus tard, donna une nouvelle prospérité à Neuilly, si l'on en juge par le recensement opéré en 1772 :

Naissances,   67   dont 44 garçons et 23 filles.
Mariages,   17
Décès,   46   dont 29 hommes et 17 femmes.
Population, 1,638

Un malheur qui semblait devoir nuire au village devint la cause d'un développement nouveau. Le pont en bois souffrait chaque année des rigueurs de l'hiver, et malgré la sollicitude intéressée du cessionnaire, le service public était de temps en temps suspendu. Dans le mois de février 1766, une forte débâcle endommagea tellement les piles des arches qu'il fallut près de trois semaines pour les restaurer. Cet état de choses ne pouvait durer : un rapport du colonel des suisses en garnison à Courbevoie détertermina le secrétaire d'État Trudaine à remplacer définitivement le pont de bois par un pont en pierre, et il désigna un jeune ingénieur que des travaux récents avaient mis en relief d'une manière avantageuse. Cet ingénieur, Rodolphe Perronet, né à Suresne, par conséquent enfant de Neuilly, avait donc un surcroît d'intérêt à se signaler dans une œuvre placée tout à la fois aux portes de Paris et de son village.

HISTOIRE DE NEUILLY.

CHAPITRE VI.

DEPUIS LA CONSTRUCTION DU PONT JUSQU'A LA RÉVOLUTION. 1772-1793.

Perronet, fondateur du corps savant des ponts et
chaussés, a non-seulement le mérite d'avoir construit
un pont, un des plus beaux du monde, mais encore
d'avoir choisi pour asseoir son œuvre la place la
plus heureuse et la plus favorable. Son plan fut
simple et grandiose : il imagina d'établir le pont
nouveau dans l'axe même des Champs-Élysées, ce qui
enlevait la courbure (courbe-voie) de la route, puis
de prolonger l'avenue de Neuilly, restée une impasse
sans débouchés devant la maison de Lenormant, et
de la diriger en ligne droite sur la côte de Puteaux,
ce qui donnait à Paris une entrée triomphale d'une
perspective magnifique que toutes les capitales lui
envient. C'était hardi, coûteux, mais superbe et splendide. Le plan fut adopté, et Perronet s'attacha avec
la plus intelligente activité à en assurer l'exécution.
En 1767, les devis furent rédigés et les travaux des
ponts furent adjugés, en 1768 (le 29 mars), à F. Rim-

baux, moyennant la somme de 2,394,900 livres.
Il est curieux de descendre avec l'architecte dans les
détails de cette admirable construction, et sans tenir
un journal des opérations (1), nous sommes sûr
d'intéresser nos lecteurs en les initiant aux secrets
de l'ingénieur qui nous dota de ce chef-d'œuvre.

Les conditions imposées à l'adjudicataire étaient
équitables, mais rigoureuses et sévères. Ainsi il fallait
du fer du Berry, bien corroyé, doux et cassant, de
la chaux de Vernon; le bois de chêne devait être
droit, sans aubier et sans nœud vicieux, le pavé dur,
fendu régulièrement et ayant six pouces en tout sens,
le sable dragué dans la rivière et passé soigneusement à la claie, enfin les grosses pierres ne pouvaient
sortir que des carrières de Saint-Germain ou de
Mantes. L'entrepreneur s'adressa aux carriers de Sail-
lancourt, il obtint des immenses groupes de roches
qui bordent la Seine des pierres ayant 30 et 40 pieds
de largeur. On en tira même une de 44 pieds, que l'on
fut obligé de couper en deux parce qu'au détour d'une
rue de Meulan on n'aurait pu la faire passer, qu'en
sacrifiant une maison. Toutes ces énormes masses,
amenées par terre avec de fortes voitures, furent
posées en litage avec ciment et mortier de chaux.

(1) Nous avons puisé tous ces renseignements dans le Mémoire dressé par Perronet lui-même. — *Voir* ses OEuvres,
t. Ier, édition de l'Imprimerie royale.— Plans, épures, coupes,
tout prouve le talent et la conscience de l'ingénieur. — *Vie de*
Perronet, *Éloge de Perronet*.

Le pont fut construit à 2,785 toises de la place de la Concorde, d'après les dimensions suivantes : d'une culée à l'autre, on mesura 110 toises 15 pieds de longueur et 45 pieds de largeur, sur lesquels 29 furent réservés aux voitures et 6 de chaque côté pour des trottoirs élevés de 15 pouces. Il y eut cinq arches avec quatre piles pour les soutenir ; ces arches, qui font l'étude et l'admiration des hommes de l'art, eurent chacune 120 pieds d'ouverture depuis leur naissance établie à la surface des basses eaux jusqu'à la clef de voûte. Les piles eurent 21 pieds d'épaisseur et de hauteur depuis la fondation jusqu'aux basses eaux, et 15 pieds jusqu'à leur couronnement. Une inscription gravée sur cuivre, placée avec les différentes monnaies d'or et d'argent du règne dans une boîte de chêne, fut encastrée dans une pierre du premier pilier ; on lisait sur cette inscription :

L'an de grâce MD. CC. LXVIII, le 54e du règne de Louis XV le Bien-Aimé, la fondation du pont de pierre de Neuilly-sur-Seine a été commencée sous la direction de Daniel-Charles Trudaine, conseiller d'État et au Conseil royal, intendant des finances, ayant les ponts et chaussés dans son département.

En relevant lui-même (1) les comptes des entre-

(1) Perronet fut activement secondé dans ce travail par un de ses secrétaires, qui a droit à être mentionné ici pour sa coopération à l'œuvre du pont. — Germain Piffre, notre grand-oncle maternel, natif de Barbonne (Marne) possédait un talent

9

preneurs, le vigilant Perronet constata que, durant les trois années qu'exigea cette construction, on employa pour tous les travaux 872 ouvriers, parmi lesquels 47 charpentiers, 20 poseurs et 100 contreposeurs de fiches dans la rivière pour asseoir les échafaudages, etc. On se servit de 168 chevaux. La première année fut consacrée à préparer les matériaux et à jeter les pilotis, opération difficile, qui fut souvent contrariée par les mauvais temps. Ces nombreux ouvriers divisés en escouades, échelonnés comme aujourd'hui par hiérarchie de savoir, d'ancienneté, étaient payés toutes les quinzaines, et Perronet nous a transmis leurs différents salaires. La journée était de douze heures avec deux heures de repos; l'été on y ajoutait une tolérance d'une demiheure.

Maçons. . . . . . — Appareilleurs, 100 livres par mois.
                Tailleurs de pierres (outils compris), 2 liv. 5 sous par jour.
                Poseurs, 3 livres par jour.
                Maçons, 1 livre 12 sous par jour.
                Manœuvres, 1 livre 5 sous par jour.
Charpentiers. — Gâcheurs-ajusteurs, 100 livres par mois.
                Compagnons (outils compris), 2 liv. 5 sous par jour.

calligraphique d'un mérite fort rare ; intelligent et très-versé dans ce qui concernait les opérations du génie, il suppléa et remplaça quelquefois avantageusement son patron.

Serruriers... — Compagnons (suivant leurs forces), 2 livres
    à 2 livres 10 sous par jour.
Terrassiers.. — Conducteurs, 80 livres par mois.
    Tâcherons, 1 livre 12 sous par jour.
    Journaliers (suivant leurs forces), 1 livre
    4 ou 8 sous par jour.
Conducteurs de voitures, 1 livre 15 sous par jour.
Voitures à 2 et 3 chevaux, 7 livres 10 sous par jour.
Voiture à 1 cheval, 3 livres 10 sous.

Pendant la durée des travaux, le pain s'est maintenu à un taux moyen; les 12 livres (demi-blanc) valaient 26 à 30 sous; la viande, 5 sous la livre, et le vin (crû de Surênes), 4 sous la pinte.

Le pont était achevé, mais Perronet (1), avant de le livrer au public, voulut laisser le tassement suivre son cours, et pendant ce temps il commença l'exécution des terrassages qui en régularisaient les abords. L'adjudication de ces ouvrages avait été conclue en faveur de Léonard Legrand, moyennant 1,172,400 liv. Des remblais gigantesques de plus de 50 pieds d'élévation, dont on peut se rendre compte sur les hauteurs de la butte Chante-Coq, près Puteaux, furent terminés avec une promptitude surprenante par les ouvriers du pont. Perronet surveilla minutieusement les plantations qui devaient orner ces avenues. On

(1) Dans une correspondance de famille, il a rendu compte en détail des incidents de la construction du pont. Cette correspondance fort curieuse, a été égarée, mais les traditions en sont venues jusqu'à nous et nous ont servi dans notre récit.

jugera de ses soins par les deux articles les plus importants de son cahier des charges : — Art. 68. Les plantations seront faites en ormes les meilleurs, ayant 8 à 9 pieds de hauteur de tige et 8 pouces de circonférence moyenne. Ils seront droits et de belle venue. Les trous auront 6 pieds en carré et 3 pieds de profondeur. Ils seront ouverts plusieurs mois avant la chute des feuilles, temps auquel il faut faire la plantation. On les remplira de bonne terre. Ces arbres jeunes seront garnis d'épines que l'on attachera à quatre endroits avec du gros fil de fer. On aura soin de ne faire lever les arbres des pépinières qu'à mesure qu'on pourra les planter, et dans le transport on les garnira avec de la paille. — Art. 69. Ceux qui viendraient à mourir seront renouvelés. Les anciens seront béchés à leur pied et ébourgeonnés en leur tige deux fois par année. On renouvellera aussi les épines, en les entretenant en bon état jusqu'au temps auquel la réception sera déterminée.

L'habile ingénieur ne se fia pas à lui-même pour juger son œuvre, il appela l'architecte du Panthéon, Soufflot. Il résulta de leurs expériences combinées que, pour écraser un pied carré de la pierre employée, il faudrait une force relative gigantesque. Chaque pile se trouva scientifiquement douze fois plus solide qu'il n'était nécessaire. Quelques années après, cependant, Perronet reconnut que le tassement avait été de 9 pouces, et même pendant que

l'on débarrassait les voûtes de leurs soutiens provisoires, elles baissèrent de 18 lignes et le lendemain
de 13 lignes. « Je présume néanmoins, dit Perronet
dans son rapport, que le tassement n'augmentera
plus d'un pouce. » Nous ignorons l'effet du temps
sur ce pont, où la circulation n'a cessé d'être prodi-
gieusement active; ce que nous savons, c'est que sa
réputation de solidité n'a pas baissé.

Le jour de l'inauguration de ces travaux est célèbre
dans les annales de Neuilly. Le 22 septembre 1772,
le roi Louis XV, suivi de toute la cour et d'une foule
considérable, se rendit par un beau soleil au village
où l'attendaient les ministres. Trudaine conduisit Sa
Majesté sur un trône préparé sous une vaste tente
qui n'empêchait pas de jouir du spectacle. Lorsque
chacun fut placé, à un signal du tambour, les ouvriers
exécutèrent le décintrement des voûtes avec un ensemble et une précision remarquables. Des masses de
planches tombant à la fois dans la rivière produisirent
un bruit qui fut entendu de Paris; les eaux écumantes
s'élevèrent comme des montagnes et furent troublées
de façon à faire chavirer les barques de ceux qui attendaient en aval les pièces de bois pour les recueillir. Des
jeunes filles en blanc jetèrent des fleurs sur le pont, et
le roi, émerveillé du coup d'œil, traversa le premier
dans sa voiture. Des réjouissances publiques, aux
quelles prirent part les assistants, eurent lieu dans la
soirée, et toute la semaine pour les gens de Neuilly, si

l'on en croit les trois gravures (1) qui nous sont restées de cette journée. La plus célèbre et qui mérite le plus de l'être est une feuille in-fol. gravée par Provost et de Longueil. Les journaux du temps consacrent tous quelques lignes à cette cérémonie. Un trait nous a frappé dans leur récit, assez monotone d'ailleurs, c'est l'espèce d'étonnement qu'ils manifestent à la vue des habitants de la campagne. Ainsi, le *Mercure* observe que les villageois de Neuilly, quoique mal habillés, sont doux et civilisés et qu'ils parlent bien le français. On croirait que le rédacteur fait allusion à des paysans de l'Adour ou du Gers. Les chansons et les vers s'unirent à la prose pour chanter le pont de Neuilly. Parmi les quelques pièces que nous avons pu recueillir, nous en choisirons une qui nous a paru mieux faite, plus poétique, malgré son style baroque, et trivial, mais cadencé avec verve et finesse. D'ailleurs, c'est la seule qui ait eu le succès et la vogue à Paris et à Neuilly. (Nous l'extrayons du *Mercure galant*, octobre 1772.)

AIR : *Aimez-vous bien les confitures?*

Oh ! dam ! du beau pont de Neuilly
J'ons vu débâcler la charpente ;
Là not' cœur s'est bien réjoui,
D'y voir not' bon roi dans sa tente.

(1) Une de ces gravures, dédiée à Perronet, faite un peu d'imagination six ans après l'événement, a pour auteur un de ses élèves, jeune homme de talent, Eustache de Saint-Far.

J'ons ben crié : Vive not' Bourbon,
Puis encore c't'ila qu'a fait le pont.

Je n'ons pas oublié non plus
L'honnête monsieur Trudaine,
A sa santé j'avons ben bu,
Car son vin coulait comme fontaine ;
En ministre il a régalé (1),
Et le plaisir s'en est mêlé.

De ce nouveau pont, mon voisin,
Ma foi, j'aimons la tournure ;
Oui dà, quoique ça n' paraît pas bien,
J' nous connaissons en constructure,,
Et de tous les ponts qu'on a fait
Je dis que c't'ila c'est le plus parfait.

Aussi le roi l'y fit l'honneur
D'y passer tout de suite en carrosse,
C'était complimenter l'auteur
Bien mieux qu'en venant à sa noce.
Et l'on peut dire, en vérité,
Que l'ouvrage était bien couronné.

Ah ! je nous souviendrons longtemps,
D'en avoir vu z' ôter la ceinture !
Pour rendre de pareils moments,
Il n'est point d'assez grande peinture.

---

(1) On avait amené soixante pièces de vin, deux tonnes d'eau-de-vie et quinze sacs de farine changés ce jour-là en pâtisseries. Ces rations étaient distribuées aux porteurs de cartes délivrées, principalement aux ouvriers. Le soir, le ministre paya cinquante violons.

Tiens, Perronet semblait un Dieu,
Pour qui décintrer n'est que jeu.

Il fit signe de son mouchoir
Et v'là tout le bois dans la rivière.
Tous les curieux qu'étaient venus voir,
Sont stupéfaits de sa manière ;
Car ça tombait comme à Fontenoy,
Les ennemis devant le roi.

Quand fut fait le décintrement,
Chacun s'écria : Miracle !
Il n'était plus qu'un sentiment
Sur la beauté du spectacle ;
C'est qu' l'auteur a pris son compas
Et s'n esprit que tout le monde n'a pas.

Pour tout mérite à nos yeux.
Neuilly n'avait que son rogome,
Mais qu'il va devenir fameux.
Par ce chef-d'œuvre d'un habile homme !
Oui, tant que la Seine y coulera
D' ce beau pont on parlera.

L'Hôtel des monnaies grava, en souvenir de l'inauguration, une superbe médaille en or, ouvrage de Roellens. Elle a pour légende ces mots : *Novam artis audaciam mirante Sequana* (La Seine étonnée admire la nouvelle hardiesse du génie), et pour exergue on lit : *Pons ad Lugniacum exstructus MD. CC. LXXII* (Pont construit à Lugny (Neuilly). D'un côté, la tête du roi très-ressemblante, et de l'autre, le pont entouré d'un paysage où l'on aperçoit une partie du château de Madrid, le Calvaire, Surênes et Puteau. Perronet compléta son œuvre en détruisant le vieux pont, dont les piliers de bois nuisaient à la batellerie. On eut de grandes difficultés pour extraire ces énormes fiches de bois tout noirci et dur comme le fer. Le succès répondit enfin à la patiente habileté de l'ingénieur, qui bientôt fut appelé pour édifier sur les mêmes plans un pont à Paris, près la place de la Concorde.

En possession de ces magnifiques voies de communication, la prospérité de Neuilly était tôt ou tard assurée. Les années tourmentées du règne de Louis XVI et les orages de la révolution pouvaient suspendre mais non arrêter les progrès du village. La population brillante qui aimait le séjour de ces lieux champêtres fut attirée plus fortement par ces nouvelles facilités. Bagatelle, un peu délaissé, quoique le maréchal de Biron et le marquis de Pezé y eussent passé plusieurs saisons, reprit son éclat princier. Le comte d'Artois fit de ce pavillon le théâtre de ses somptueuses dissipations. D'un caractère ouvert et généreux, d'un esprit vif et éminemment français, d'un extérieur fait pour plaire, sans ambition et sans espoir probable d'arriver au trône, le jeune prince fut entraîné de bonne heure, sans contre-poids, dans cette vie facile et séduisante de plaisirs et de fêtes.

Il s'y livra tout entier, et à une époque où la vie privée des grands commençait à provoquer une sévère et malveillante inquisition, ses désordres eurent un éclat fâcheux. Les malheurs inouïs de l'auguste maison de Bourbon, les longues infortunes personnelles de ce prince frappé dans son fils, dans sa couronne, mourant dans un exil lointain, tout doit commander une respectueuse réserve devant des erreurs et des écarts de jeunesse pleurés par leur auteur et expiés si noblement et si chrétiennement. — Le comte d'Artois ne se contenta point du château de Maisons, il voulut faire de Bagatelle un nouveau Trianon, et pour satisfaire ses désirs, il accorda 600,000 liv. et six semaines à son archictecte, Joseph Bellanger. Celui-ci fit de son mieux, et les relations (1) du temps nous représentent le pavillon et les jardins anglais comme des lieux délicieux et enchanteurs. Le prince fut ravi de son bijou, y conduisit Louis XVI, Marie-Antoinette et même son frère, le comte de Provence, depuis Louis XVIII. Quoique le comte d'Artois, livré comme ses frères à la direction molle et imprévoyante du duc de la Vauguyon, n'eût reçu qu'une instruction fort limitée, il aimait les gens de lettres et leur donna de précieux encouragement. Delille, dans son poëme des *Jardins*, n'oublie pas celui qui l'avait comblé de bienfaits.

(1) *Description des environs de Paris*, par Dulaure, t. I.

Et toi, d'un prince aimable ô l'asile fidèle,

Dont le nom trop badin est indigne de toi ,

Lieu charmant, offre lui tout ce que je lui dois :

Un fortuné loisir, une douce retraite.

Bienfaiteur de mes vers ainsi que du poëte,

C'est lui qui, dans ce choix d'écrivains enchanteurs ,

Dans ce jardin paré de poétiques fleurs,

Daigne accueillir ma muse; ainsi du sein de l'herbe,

La violette croît auprès du lis superbe.

Un autre poëte, Lemière, a célébré Bagatelle et son prince.

Figurez-vous cette plaine riante,

Où, de Saint-Cloud s'étendant vers Neuilly,

Parmi les fleurs la Seine tournoyante

Cherche à fixer son cours enorgueilli.

L'on n'y voit point ces bruyantes cascades,

Dont nos regards sont ailleurs attristés;

Mais de ces bords les tranquilles Naïades

Invitent l'âme aux douces voluptés.

Du goût anglais imitateur fidèle,

L'art en ces lieux surpasse son modèle.

Bellanger (1) dicte en souverain ses lois,

(1) Bellanger (François-Joseph), né à Paris, en 1744, d'une famille originaire du Perche, mort le 1er mai 1818. Artiste plein de goût et d'élégance, il fut chargé de la direction de toutes les fêtes de la cour. On lui doit entre autres les châteaux de Bagatelle, de Saint-James et leurs jardins. Emprisonné pendant la révolution, qui lui enleva ses emplois, on le retrouve en 1795, dessinant d'après nature le malheureux Louis XVII, qui n'avait plus que quelques jours à vivre. Ce portrait fut exécuté depuis en marbre. — Sous l'Empire, Bellanger remplaça la coupole incendiée de la Halle au blé par une nouvelle coupole en fer coulé, couverte de lames en cuivre. Ce travail est

Et pour orner la beauté naturelle,
De tous côtés son adresse entremêle
Les verts gazons, et les fleurs et les bois.
Apollon trouve une gloire nouvelle
A s'y montrer sous les traits de d'Artois ;
Tous les plaisirs y viennent à son choix,
Et ce jardin, que sa voix immortelle,
En se jouant, a nommé Bagatelle,
Peut éclipser le jardin de nos rois.

Le comte d'Artois n'amenait au pavillon qu'une partie de sa maison ; mais dans les derniers temps, il se faisait toujours accompagner par le baron de Monthyon, qui même obtint de demeurer deux années environ dans cette retraite paisible. Le baron de Monthyon, si justement célèbre par les legs nombreux et importants qu'il a laissés aux lettres, aux sciences et à la vertu, par un don de plus de trois millions aux hospices de Paris, était chancelier du comte d'Artois. Leur connaissance se fit dans de singulières circonstances. De Monthyon ayant besoin de parler au prince, qu'il ne connaissait pas, fut introduit par une erreur du gentilhomme de garde dans les appartements à l'instant où le maître du logis vaquait à sa toilette. Le visiteur allait errant de salle en salle, lorsqu'il parvint dans la salle des apprêts ; il exami-

encore aujourd'hui un des plus importants qui aient été exécutés en fer. — On lui doit aussi un projet de Halle aux vins fort remarquable. — Les abattoirs de Paris ont été construits sur ses dessins. (*Nouvelle Biographie universelle*, t. V; Didot, 1853.

naît avec un œil curieux ces vêtements placés avec
une élégante symétrie, lorsque d'une marche rapide
le prince, vêtu très-légèrement, survient et aperçoit
chez lui un étranger dont le costume antique, l'habit
carré, la perruque ronde, lui étaient inconnus. Les
premières paroles sont vives. De Monthyon, croyant
n'avoir affaire qu'à un valet de chambre, riposte, et si
bien, que la scène eût pu être fort désagréable sans
l'intervention des hommes de service. Le lendemain,
le comte d'Artois, amplement instruit de ce qui était
arrivé, envoya par forme d'excuses gracieuses le
brevet de chancelier de sa maison à celui que la veille
il avait si malmené. De Monthyon, touché du procédé
délicat du prince, s'attacha à sa personne, le suivit
dans l'émigration, et ne revint en France qu'avec
son maître.

À côté de Bagatelle, l'architecte Bellanger créait en
faveur du financier Beaudard, appelé de Saint-James
à cause de sa ville natale en Basse-Normandie, une
habitation dont les richesses et les splendeurs furent
célébrées également par les poëtes et par les écrivains. La maison, rebâtie par Le Normant, reçut des
améliorations essentielles; la distribution, changée
totalement, fut remaniée avec goût; mais ce qui devint l'ornement du petit château, ce fut sans contredit
l'aspect des jardins. Moins heureux que Bagatelle,
qui a survécu à nos révolutions, Saint-James n'existe
plus. En outre, ces beaux jardins anglais, ces salles

de 'verdure, ces treillages de trois cents toises, ces pavillons chinois, ces kiosques ornés de statues, ces rochers majestueux, ces galeries souterraines, cette chapelle gothique, ces vases, cet ensemble enchanteur qui, dans la nouveauté, lui avait valu le surnom de Petit-Marly, tout cela a disparu en partie. Beaudard de Saint-James, après avoir acheté la charge de trésorier-contrôleur de la marine, quitta lui-même Neuilly, n'y laissant que son nom appliqué au quartier érigé sur son ancien domaine.

Radix de Sainte-Foy, fils d'un fournisseur des armées au temps de Soubise et de Richelieu, surintendant du comte d'Artois, possédait le château des d'Argenson et y menait un train fastueux. Ami de l'horticulture, il cultivait les fleurs rares, et les sacrifices lui semblaient compensés par l'acquisition d'une plante recherchée. Lorsque la tempête révolutionnaire dispersa la maison du prince auquel il était dévoué, Radix de Sainte-Foy resta en France et s'occupa de délivrer la famille royale. Il fut un des trois agents contre lesquels Robespierre, dans son réquisitoire, fit une motion très-animée. Le procès de Louis XVI dépose en faveur du courageux et infatigable dévouement de Sainte-Foy.

Au château des Ternes, les propriétaires, en se succédant rapidement, menaient toujours un genre de vie somptueux. Le marquis de Galiffet surpassa ses prédécesseurs, et tout Paris se pressa à ses fêtes.

Déjà la société commençait à se plaindre du pêle-
mêle que les réunions un peu nombreuses présentaient; on était coudoyé, entouré par des gens
inconnus, avides de ce qui est plaisir et spectacle,
ou intrigants coureurs de connaissances à former.
Les festins où le marquis de Galiffet dépensait ses
belles fermes de la Brie champenoise offraient ce
notable inconvénient. La fortune la plus solide ne
résiste pas à une épreuve semblable; celui qui donnait une hospitalité aussi splendide ne recueillit à la
fin que cette mauvaise épigramme, ce ridicule jeu
de mots :

Sais-tu bien, mon ami, d'où nous vient Galiffet?
Je pense, cadédis, sans conter balivernes,
D'après ces fins morceaux des bons dîners des Ternes,
Que Galiffet nous dit : Celui qui gala fait.

Auprès du château des Ternes, un spectacle nouveau pour les Français attirait l'attention de la noblesse. Le duc d'Orléans et plusieurs grands seigneurs
avaient ouvert les premières courses de chevaux en
France : la plaine des Sablons se prêtait merveil-
leusement à ces exercices que la mode, plus que le
goût national, adopta. On choisit la fin des revues
que Louis XVI passait chaque année dans ce lieu,
des régiments de sa garde, des Suisses et des Grisons.
Dans une de ces revues, un homme simplement vêtu
fut introduit auprès du roi, qui causa fort longuement

avec lui. De cet entretien sortit une expérience dont
les populations recueillirent bientôt les féconds résultats. Des famines réelles ou factices causaient dans
les provinces des maux déplorables. Louis XVI cherchait et faisait chercher tout ce qui pouvait atténuer
ce fléau redoutable; or dans l'interlocuteur de la
plaine des Sablons il avait rencontré un auxiliaire
puissant et efficace. Parmentier, *apothicaire en chef*
des Invalides, avait demandé au monarque cinquante-
quatre arpents de cette terre sablonneuse, jugée digne
tout au plus d'être foulée aux pieds des soldats et des
chevaux, pour montrer jusqu'à l'évidence la facilité
de la culture de la pomme de terre. Ce tubercule si
précieux, transporté du Pérou en Europe dès le quin-
zième siècle, cultivé en grand dans l'Italie et introduit
en France dans nos longues guerres de Flandre,
avait été multiplié avec succès dans nos provinces
méridionales. Turgot en avait introduit la culture
dans le Limousin et l'Anjou; mais une aveugle pré-
vention avait surgi contre la pomme de terre dans le
centre, l'Est et le Nord. On prétendait qu'elle engen-
drait des fièvres pernicieuses et qu'elle appauvrissait
les riches terrains qui la recevaient. L'expérience de
fa plaine des Sablons fut décisive. Parmentier ense-
mença ces arpents dont la stérilité était notoire, bra-
vant les plaisanteries de ceux qui traitaient sa conduite de folle originalité. Bientôt les racines poussèrent
des tiges qui se couvrirent de fleurs; composant de

ces fleurs un bouquet, il le porta au roi protecteur de son entreprise. Ce prince, au milieu de ses courtisans, orna la boutonnière de son habit d'une de ces fleurs, et toute la cour l'imita, de telle façon que Parmentier n'en avait assez apporté. La récolte vint confirmer les espérances du bienfaisant agronome. De nouveaux essais furent tentés dans la plaine de Grenelle, et ils réussirent également. Les contrées voisines voulurent jouir des avantages de cette utile production, en sorte que c'est aux efforts de Parmentier que l'on doit réellement l'introduction dans notre pays de l'usage d'un légume qui est devenu l'une des principales nourritures de l'habitant des campagnes, et une des ressources les plus grandes contre la disette. Parmentier fit du pain de pomme de terre, sous les yeux de Franklin, et il enseigna aux pâtissiers de Paris le secret de fabriquer le gâteau ou biscuit de Savoie, dont la base est encore la fécule de pomme de terre. Avec la récolte de la plaine des Sablons, il donna un dîner dont tous les mets et jusqu'aux liqueurs consistaient en pommes de terre déguisées sous vingt formes différentes, et où il avait réuni de nombreux convives. Leur appétit se soutint constamment, et les louanges qu'ils prodiguèrent à leur hôte tournèrent à l'avantage de la plante merveilleuse. On avait proposé de substituer au nom impropre de pomme de terre celui de *parmentière*. L'usage n'a pas sanctionné cette dénomination, qui eût été le témoi-

10

gnage d'une juste reconnaissance du peuple envers un véritable bienfaiteur.

Un savant non moins illustre habitait alors les Ternes, où il avait trouvé de puissantes ressources dans la fortune et l'amitié de M. de Bombarde, amateur zélé des sciences. Ce seigneur, qui avait la charge d'introducteur des ambassadeurs à la cour, répandit avec une généreuse discrétion ses bienfaits sur plusieurs hommes célèbres, et en particulier sur Adanson, dont nous voulons parler. Adanson (Michel), issu d'une famille jacobite, reçut par les soins de M. de Vintimille, archevêque de Paris, une éducation très-soignée. On le destinait à l'état ecclésiastique, et déjà on lui avait conféré un canonicat, mais il ne voulut pas suivre une carrière dont les graves devoirs ne lui auraient pas permis de se livrer tout entier à son goût pour les sciences. Réaumur et Bernard de Jussieu furent ses principaux maîtres. Lorsqu'il crut posséder suffisamment les connaissances nécessaires, il résolut de voyager au loin, et il se décida pour le Sénégal.

Les motifs de ce choix méritent d'être signalés : « C'est que, dit-il dans une note manuscrite, c'était de tous les établissements européens le plus difficile à pénétrer, le plus chaud, le plus malsain, le plus dangereux à tous égards, et, par conséquent, le moins connu des naturalistes. » Il faut avoir un bien grand dévouement pour se déterminer par de pareilles raisons. Agé seulement de vingt-un ans, Adanson partit à ses frais, afin de se livrer à des recherches de tout genre. Il recueillit durant cinq années des richesses immenses dans les trois règnes de la nature. Il créa d'abord une classification naturelle, établie sur l'ensemble des organes ; il fit des observations météorologiques suivies jour par jour ; il leva des plans très-détaillés des contrées qu'il parcourut, et il rédigea les vocabulaires des langues des peuplades nègres qu'il avait pu fréquenter. Adanson revint en 1754, et son abri fut l'hospitalier château des Ternes. Stimulé par les conseils et surtout aidé par les secours du généreux Bombarde, il fit paraître, en 1757, son *Histoire naturelle du Sénégal.* Jamais on n'avait décrit avec autant de détails un pays éloigné, et ce n'était cependant qu'une partie des matériaux recueillis par l'auteur. C'est dans ce livre qu'est mentionnée la découverte du *baobab*, cet arbre colossal qui atteint jusqu'à 25 à 30 mètres de circonférence ; ce qu'il y avait de plus utile pour nos intérêts commerciaux, c'était une dissertation sur les arbres à gomme et à térébenthine d'Arabie.

En 1759, Adanson fut nommé académicien ; peut-être sa carrière se fût-elle bornée à ces essais, si l'infatigable Bombarde ne l'eût protégé efficacement. Le château des Ternes ne lui appartenait plus, mais en quittant ces lieux, il avait fait don à *son botaniste* d'une petite maison et d'un grand jardin. De plus, par ses sollicitations, il obtint des secours qui permirent à Adanson de publier son chef-d'œuvre : *Familles des plantes*, 2 vol. in-4°. « Cet ouvrage, dit Du Petit-Thouars, confirmé par Cuvier, aurait fait prendre une nouvelle face à la botanique, si Linné, qui suivait une autre méthode moins naturelle, n'eût pris un tel ascendant sur son siècle. » Enfermé dans son humble maisonnette, l'actif écrivain multipliait ses travaux. L'intérêt qu'ils nous inspirent, puisqu'ils ont été composés aux Ternes, nous fait vivement regretter de ne pouvoir les décrire ici ; mais les limites de notre travail ne nous permettent pas des digressions aussi longues, et nous renvoyons à l'Éloge historique prononcé par Cuvier. Ce sera doublement une bonne fortune pour le lecteur.

Adanson vivait avec sa famille qu'il avait initiée à l'étude de la botanique. Pour ne pas dérober un instant à ses études, il s'était séquestré du monde et prenait sur son sommeil et sur ses repas. Lorsqu'on se hasardait de pénétrer jusqu'à lui, on le trouvait couché au milieu de papiers innombrables qui couvraient son lit et son plancher. Un pareil genre de vie brisa son jeune fils, intelligence précoce dont la constitution physique ne put résister à tant d'efforts (1784). Adanson eut un poignant chagrin ; un travail redoublé put seul apaiser sa douleur. Mais tandis qu'il se donnait tout entier à ces travaux paisibles, les orages politiques vinrent le troubler, et qui pis est le ruiner. La révolution lui enleva ses moyens d'existence, et, de plus, « ce jardin dans lequel il suivait depuis plusieurs années des expériences multipliées et curieuses sur la végétation. » De Bombarde avait acheté des génovéfains ce terrain, placé à peu de distance de la barrière du Roule, et avait négligé probablement quelques formalités d'achat dont le savant s'était fort peu inquiété. Les biens des religieux étant recherchés partout, on saisit ce petit domaine, qui fut vendu à vil prix. Adanson continua ses travaux, malgré le dénûment profond dans lequel il était tombé. On l'eût peut-être ignoré longtemps, si l'Institut, lors de sa création, ne l'eût invité à venir prendre place parmi ses membres. Il répondit qu'il ne pouvait se rendre à cette invitation *parce qu'il n'avait pas de souliers.* Et cet homme dont les veilles continuelles contribuèrent à la gloire scientifique de son pays avait refusé par patriotisme les offres brillantes des Anglais en 1760, de l'empereur d'Autriche en 1761, de Catherine II en 1766, et enfin du roi d'Espagne en 1770 (1) !

Par l'ordre de Napoléon, il reçut plus tard de M. de Champagny une pension qui adoucit ses derniers moments. Il mourut à l'âge de soixante-dix-neuf ans, désirant dans son testament « qu'une guirlande de fleurs prises dans les cinquante-huit familles qu'il

(1) Adanson, *Biographie universelle ; Nouvelle Biographie.* — Cuvier, *Éloge d'Adanson.* — Joyand, *Notice sur la vie d'Adanson.*

avait établies fût la décoration de son cercueil, passagère mais touchante image des monuments plus durables qu'il s'est érigés lui-même ! »

Les aptitudes des hommes, par une destination providentielle, sont singulièrement diverses : pendant que l'un observe les merveilles de la nature, s'exalte devant l'œuvre extérieure de Dieu, l'autre se replie sur les ouvrages des hommes, se passionne pour une pierre, pour une médaille, pour un texte. Auprès d'Adanson, le fervent disciple de ce vaste univers auquel il ravit ses secrets, Millin de Grandmaison, moins connu, mais non moins savant, se jetait avec une ardeur égale dans les travaux plus arides et aussi attachants de l'archéologie. Les mémoires des sociétés savantes renferment ainsi la vie, l'âme, l'intelligence d'une foule d'hommes d'élite. Millin, habitant de Neuilly, composa plusieurs de ses doctes ouvrages dans ce séjour tranquille. Sa fortune, qui était fort considérable, lui permit de se livrer à ses occupations favorites. Plus tard, les honneurs, les places, les voyages enlevèrent tout à fait Millin à notre ville ; il nous suffit donc de constater sa présence durant neuf années. De même, un ministre fameux en qui la France et son roi espérèrent vainement, de Maurepas (fils de Pontchartrain), vint temporairement abriter à Madrid ses illusions détruites et ses rêves évanouis (1). Ministre élevé dans les intrigues et les abus

(1) Il reste comme souvenir de son exil volontaire un pa-

de l'ancienne cour, adulateur fin et délié, le rôle de réformateur ne pouvait convenir à ce vieillard sceptique et frivole ; il manquait de cette capacité et de cette énergie indispensables qui eussent arrêté le char de l'État se précipitant à sa ruine. Le ministère Maurepas fit perdre dix belles années à Louis XVI, et quand la tempête, qu'il n'avait pas su prévoir ou qu'il avait cru conjurer par de petits moyens s'éleva, le monarque irrésolu, sans direction fixe, choisit et abandonna ses ministres, tantôt au gré de l'opinion publique, tantôt suivant les rancunes de la cour, symptômes assurés d'une inévitable défaite. Un demi-siècle a passé sur cette terrible époque de la grande révolution que nos pères ne se rappellent qu'en tressaillant, et dont on ne peut étudier l'histoire sans une sorte d'effroi.

La part de Neuilly dans ce drame prolongé est bien minime, bien modeste ; nous la raconterons avec simplicité et sobriété.

Il est aujourd'hui avéré que les cahiers des baillages où la nation, en envoyant ses députés à l'assemblée générale, avait déposé ses vœux et ses espérances, renfermaient tous les principes qui composent notre droit public. Le roi, les ministres, les députés, les trois ordres, avaient mission et désir de

villon situé dans le bois, et appelé longtemps Madrid-Maurepas, parce que sa veuve en garda la propriété.

les promulguer, et cependant que de sang, que de
larmes, que de haine n'a-t-il pas fallu pour assurer
le règne de ces principes! Sur qui rejeter la responsabilité de ces calamités effroyables? Hélas! sur les
excès de tous les partis en lutte, sur les aveugles
résistances des uns, sur les impatiences des autres,
sur la faiblesse et la violence, sur l'irrésolution et la
témérité, sur les erreurs, et plus encore sur les passions humaines. Après tant de luttes, ceux qui, comme
nous, par le privilége de leur âge, n'ont ni haï, ni
aimé, ni combattu, peuvent errer dans leur opinion,
mais il leur est loisible de la manifester quand cette
impartialité de naissance enlève à leurs paroles tout
caractère irritant ou offensif. Or, nous ne croyons
pas, comme certains écrivains royalistes, que la révolution c'est le génie du mal, s'acharnant à détruire
des institutions respectables ; ou bien un combat de
démons contre des anges ; ni non plus comme certains écrivains démocrates, que c'est un sublime
effort du peuple vengeant sa majesté outragée et
se dévouant pour le bonheur du monde. De telles
appréciations, encore fréquentes, sont trop simples
pour être vraies. Aux premiers, nous rappellerons
les abus de la royauté, l'insolent mépris des classes
supérieures envers la masse de la nation, l'iniquité
de leurs priviléges, alors que la noblesse ne protégeait plus le faible et ne payait plus l'impôt du sang,
les désordres d'une portion de l'Église, envahie par

des abbés indolents qui voulaient le bénéfice sans la charge, les scandales de la cour et les longues souillures qui alimentent encore notre littérature quotidienne. Mais aux flatteurs de la démocratie, aux panégyristes de 93, à ces écrivains modernes si illustres qu'ils soient, qui, par pur amour de l'humanité, se font en beau style les apologistes de la guillotine, il faut rappeler ce qu'ont été les héros de cette époque et les temps épouvantables de leur domination. Ces hommes furent grands par l'audace et la haine. L'athéisme avait tari en eux la source de toute moralité; leur corruption était autant et plus hideuse que celle des grands. Ils n'ont pas mis la courtisane sur le trône, mais sur l'autel. Qui dira ces tristes exécutions ou des milliers de têtes innocentes, enfants et vieillards, sont tombées sur la place publique aux cris d'une joie sanguinaire ou devant une indifférence plus barbare encore? Ils ont dépassé les injustices, les oppressions reprochées à l'ancien régime, ils ont souillé la cause de la révolution et compromis ses principes dans l'opinion du monde. Naturellement le parti vaincu compte le plus de victimes, et ces victimes ont attaché à leur cause la compassion dont on a entouré généralement leur mémoire. De plus l'assemblée, en violentant l'Église dans des choses toute de conscience, en massacrant les prêtres dépouillés, en interdisant tout culte, ajouta par cette conduite insensée et profondément impoliti-

que une force morale à la cause des privilégiés et la
sanctifia en quelque manière aux yeux des populations. Mais sans insister davantage sur ces considérations générales, nous terminons en rappelant
que la mêlée était engagée de telle sorte que les
crimes les plus monstrueux prétendaient s'excuser
par le danger de la patrie, culte sacré quand on
ne le pousse pas jusqu'à l'idolatrie. Il est temps de
couvrir les cicatrices de la France. Le passé est passé,
dit l'écrivain auquel nous empruntons avec plaisir
ces pensées (1); il n'est pas au pouvoir des hommes
de rétablir ce qui était, mais bien d'oublier, de
pardonner et de raffermir cette unité puissante des
forces vives de la nation.

Les premiers embarras qui signalèrent la crise
prochaine de la révolution vinrent des finances, successivement gouvernées par des ministres empiriques.
Le déficit s'accrut donc au lieu de diminuer, et pour
remédier à ces difficultés qu'on élevait presque à une
banqueroute, on s'efforça de réaliser à tout prix des
économies. Le roi réduisit notablement sa maison,
et, dans l'espoir d'abaisser ses dépenses de plus de
6 millions, il décida la démolition de certaines résidences royales d'un coûteux entretien. Entre autres
maisons condamnées à la ruine se trouva Madrid.
C'était, il faut le dire, une détestable mesure que

(1) Alfred de Courcy, *Histoire de la Révolution.*

cette destruction, elle anéantissait des palais royaux de grande valeur historique et artistique, et elle ne rapportait que des sommes mesquines. Si le roi ou l'État ne pouvait se charger de ces demeures luxueuses, il restait en France assez de nobles et riches familles qui eussent été fières de les occuper.

Des adjudicataires empressés réclamèrent la préférence pour l'acquisition de Madrid; les uns offraient 68,000 livres, les autres 60,000 liv., les derniers 58,000 liv. Enfin ces agioteurs se coalisèrent, premier noyau de cette fameuse *bande noire* qui détruisit tant de richesses, tant de souvenirs, et pour 62,4000 livres, ils dépecèrent et vendirent en détail les immenses et fructueux matériaux sur lesquels ils avaient spéculé. Le plomb seul leur valut, métal de guerre bien coté à cette époque, plus de 155,000 liv. ! Il ne resta rien du château, rien qu'un vieil arbre qui, selon les gardes du bois, a l'honneur de remonter jusqu'à François Ier.

Cependant la tourmente révolutionnaire approchait; des décrets violents, précurseurs certains des immenses changements qui allaient se produire, apparaissaient coup sur coup. Une nouvelle organisation administrative supprima les anciennes provinces et forma les départements. Neuilly gagna dans cet ordre de choses le titre de commune : Villiers jusquelà, malgré sa décadence, était le chef-lieu. Bientôt la vente des biens nationaux ayant appartenu au do-

maine, à l'Église, aux émigrés, vint raviver l'effervescence populaire en aiguillonnant la cupidité et en
excitant l'instinct de la propriété. Quoique l'esprit
public de Neuilly, malgré le club local qui fonction-
nait en vertu des ordres de la commune de Paris, fût
très-paisible, la mise en vente des biens que la nation
s'appropriait réveilla des dévouements civiques en-
dormis et enfanta des protestations ardentes d'un patriotisme brûlant. Il faut avoir vu, tenu dans ses
mains, comme nous l'avons fait, ces soumissions d'acquéreurs toutes souillées de taches de vin, ces papiers
maculés où une orthographe, un style de circonstance, révèlent les brutales convoitises du futur
propriétaire, pour comprendre le désordre des in-
telligences et des esprits de la société à cette époque;
car de la nature, de l'origine de ce bien qu'on sol-
licite avec frénésie, ni vendeurs ni acheteurs ne s'en
inquiètent : vendre, acheter, telle est leur charge,
le reste ne les regarde pas.

Mis en demeure de déclarer à l'État les biens nationaux dans l'étendue de la commune, le conseil
municipal se contenta d'en dénoncer une certaine
quantité, mais il fut obligé d'en produire un relevé
plus sérieux, sans parvenir, comme presque partout, à
le rendre complet. Quand on étudie de près cette vente
en masse d'une partie du sol du pays, on est étonnné
de l'injustice réelle que subirent les communes, déshé-
ritées de toute part et perdant même les édifices que

leur destination rendait communaux, qui avaient été peut-être bâtis avec les deniers publics, comme églises, presbytères, etc. Neuilly aurait bien voulu conserver quelques parcelles de ce bien ; mais la commune était pauvre, la désertion des grandes maisons, l'émigration des nobles de Paris avaient porté un coup à l'industrie du blanchissage et à la population du village, diminuée de plus de deux cents âmes.

Voici les terrains qui furent aliénés sur le sol de Neuilly ; c'est une liste incomplète, faute de documents précis. Comme les noms des acquéreurs sont connus et portés encore dans le pays, et que nous ignorons si ce sont leurs descendants, nous les tairons.

Génovéfains d'Auteuil..... { 3 maisons. 22 arpents. }		27,000 liv.
Religieuses de Montmartre, 6 arpents.........		2,300
Religieuses de Saint-Denis, 18 arpents 12 perches		18,780
Chapitre Saint-Honoré, grange de la dîme......		1,340
— deux maisons.........		6,520
— 25 arpents (Sablons)....		15,800
Minimes de Chaillot, 9 arpents, loués 250 livres.		6,000
Fabrique de Saint-Philippe-du-Roule, terrains en 7 lots.................		9,000
Fabrique de Villiers, terrains en 18 lots.......		23,000
Hôtel-Dieu de Paris, 39 arpents, loués 5 livres par arpents...........................		24,000
Ferme de Longchamps, 174 arpents et un moulin à vent.............................		90,000

Le domaine royal, composé surtout des *remises du*

roi, petits espaces de bois servant de refuge au gibier, et dans lesquels les gardes des plaisirs de Sa Majesté avaient soin de le nourrir et de le propager, fut vendu 14,000 livres. Les habitants de Neuilly, comme à Clichy, s'étaient depuis longtemps portés en foule vers ces lieux boisés, pour arracher les taillis et couper les arbres.

La nature et la qualité des terres sablonneuses furent adroitement mises en avant par les acquéreurs, au nombre desquels se rencontrait un certain Roussel, s'intitulant prieur d'Aygarades et ex-feuillant. A en juger par les pièces sorties de sa main et par la correspondance qu'il entretenait bon gré mal gré avec la commission des ventes, cet homme était un intrigant dangereux. Il découvrit plusieurs gentilshommes cachés à Neuilly, et se fit adjuger leurs biens ; il n'est pas jusqu'au citoyen de Staël qui, possédant une maison de campagne à Villiers, n'eût peur de son voisin, auquel il céda à vil prix sa propriété. D'autres aventuriers parurent aussi sur la scène, et l'un d'eux, dans une demande où le ridicule l'emportait sur l'avidité, sollicitait l'aliénation de tout le bois de Boulogne.

La municipalité nouvellement fondée, le maire et son conseil reçurent du curé les registres de l'état civil (25 octobre 1790), et constituèrent l'organisation de la commune. Le curé, qui était aimé, resta fidèle à son poste jusqu'à ce qu'il fût devenu impos-

sible. Obligé de prêter serment à la constitution ci-
vile du clergé, cette attaque directe à la conscience
catholique, il préféra l'exil. Divers intrus lui succédèrent et finirent presque tous par le scandale. Un
événement demeuré mystérieux avait agi fortement
sur la population : on trouva le duc de Choiseul-
Praslin sans vie et couvert de sang dans sa maison de
campagne de Saint-James. Peut-être cette mort fut-
elle la suite d'une violente hémorragie, toujours est-il
qu'elle exerça une impression douloureuse dans la
commune. La garde nationale, équipée, armée et
instruite dans le camp militaire de la plaine des
Sablons, avait été soigneusement organisée pour établir des patrouilles de nuit. Quoique Neuilly ne
comptât que trois cent cinq électeurs ou *citoyens
actifs*, la garde nationale renfermait trois cent vingt-
un hommes, dont trente-deux grenadiers, trente-
deux chasseurs, et les autres divisés en quatre compa-
gnies primaires de soixante-quatre hommes chacune.

La révolution se dessinait de plus en plus. L'émigration, tentée sur une grande échelle, menaçait les
armes à la main, à la suite des troupes étrangères,
les frontières de la patrie. Chef du pouvoir exécutif,
Louis XVI se trouvait chargé de rassembler toutes
les forces de la France pour les opposer à une armée
où il ne voyait que des amis dévoués et des libéra-
teurs, position la plus fausse, la plus cruelle et la
plus inacceptable qui puisse exister. Il essaya

de fuir, et il serait difficile de l'en blâmer. Quand
toute retraite lui fut fermée, il n'eut plus, prisonnier de la République, qu'à tout attendre des haines
populaires exaltées jusqu'à la frénésie. — Le jugement fut prononcé, la victime le subit avec une dignité, une douceur et une résignation qui ont con-
quis à son nom une gloire pure et presque céleste.
« Le sang versé, dit M. Villemain, rendit par le contact
les âmes furieuses, soit parmi les meurtriers, soit
parmi les spectateurs. » De ce jour datent les exécutions nombreuses et générales. Ce fut comme un de
ces grands crimes qui, selon les anciens, ne s'expient
que par de longues calamités. Il marqua pour la
France et l'Europe le commencement de vingt années des guerres les plus cruelles et les plus destruc-
tives.

HISTOIRE DE NEUILLY.

CHAPITRE VII.

DEPUIS LA RÉVOLUTION DE 1793 JUSQU'A LA
RÉVOLUTION DE 1848.

La révolution marchait à grands pas, renversant,
écrasant ce qui lui faisait résistance, amis et ennemis. Durant ces années déplorables, Neuilly, protégé par la modestie de son rang, par l'obscurité de
ses pacifiques habitants, eut peu à souffrir de l'orage :
ce n'est pas que la garde nationale, à deux reprises
différentes, n'eût été obligée de marcher sur Paris
et de prendre une part quelconque aux événements.
Dans une de ces expéditions, un peloton de six
hommes, dont la répugnance à s'acquitter d'une
corvée fut remarquée, subit pendant cinq jours la
peine de l'emprisonnement et n'eut d'autre mal que
la peur. Du reste, si les noms nouveaux dont les
actes civils du temps sont émaillés, tels que Liberté-
Marat, Victoire la Montagne, Brutus, Franciade,
Messidor-Décadi, n'indiquaient la domination répu-
blicaine, on ne pourrait guère en trouver des traces
dans la commune. Cependant deux lois successives

11

avaient décrété la formation, au milieu de la plaine
des Sablons, d'un camp permanent qui, sous le nom
d'École de Mars, reçut d'abord des jeunes gens enrôlés
volontaires de Paris et de la banlieue. Ces nouveaux
élèves de Mars, dont quelques-uns avaient à peine
quinze ans, vinrent parader avec des uniformes grecs
et romains, aux applaudissements de la population
émerveillée. Revêtus, les uns de tuniques spartiates,
les autres de toges prétoriennes, tous avec des piques
et des lances, c'était, dit un témoin oculaire, une
quasi-représentation de l'Opéra. On ne tarda pas à
envoyer ces jeunes Parisiens à l'armée du Rhin, où
dans un apprentissage sérieux ils montrèrent un vrai
et rare courage. Des bandes de citoyens appelés fé-
dérés, Marseillais, prirent leurs quartiers au camp
de Neuilly, et cette fois il y eut des exercices militaires, un tir et un parc d'artillerie; mais les besoins
de l'État exigèrent bientôt la présence de ces hommes
aux frontières menacées.

L'abandon partiel du camp des Sablons fournit au
général Bonaparte, dont le nom va rayonner d'une
impérissable gloire, une occasion qu'il saisit précieuse-
ment et qui lui valut, s'il faut chercher dans les petits
événements le germe des grands, la révélation de ses
destinées. Chargé par la Convention de la défendre
contre les attaques de quarante mille gardes nationaux, il résolut d'appuyer ses cinq mille hommes de
troupes par l'arme qui lui était familière et dont il

connaissait les ressources. Il donna donc ordre au chef d'escadron Murat, nom promis à un royal avenir, d'aller saisir aussitôt avec deux cent cinquante cavaliers les quarante pièces de canon du camp de Neuilly. Le bouillant Murat monte en selle et arrive dans la plaine au moment même où une colonne de la section Lepelletier y débouchait pour s'emparer du parc. Les sectionnaires, meilleurs patriotes que bons soldats, quoique courageux, jugèrent toute attaque inutile et se retirèrent. Pendant ce temps, les pièces attelées par les chevaux des chasseurs mis à pied entraient au galop, à six heures du matin, dans la cour des Tuileries. La bataille commença sur les quatre heures du soir. Bonaparte avait pris ses dispositions : il n'engagea point ses soldats dans les rues et les places de la ville ; l'artillerie et les obus réduisirent ses adversaires. A six heures tout était fini. — 13 vendémiaire. — Qui peut dire ce que fût devenu Bonaparte sans sa victoire? Murat, en retard de quelques minutes, laissait aux sectionnaires des armes redoutables. Que fût-il advenu de ce génie dont les aspirations vagues, mais énergiques, supportaient si mal sa condition présente? Éternelle inquiétude de l'esprit humain ! Quelques années s'étaient à peine écoulées, que ce jeune général, brillant vainqueur de l'Italie, et dont l'âme ardente trouvait déjà le monde trop petit, écrivait à Joseph, son frère et confident intime : « J'ai tout goûté, tout

épuisé, mon ami; la gloire est une chimère...
cherche-moi aux environs de Paris une demeure
où je puisse vivre tranquille et ignoré (1). » Il
y eut des pourparlers afin d'acheter le château de
Neuilly, mais Joséphine trouva la maison trop rapprochée de la rivière, et par conséquent inhabitable
dans la mauvaise saison.

Le prince de Talleyrand ne s'arrêta pas devant cet
inconvénient, il fit meubler magnifiquement ces pavillons italiens du bord de l'eau, et y donna de splendides et somptueuses soirées. C'était après la paix de
Lunéville (1801) et celle d'Amiens (1802), reconnais-
sances provisoires que faisait l'Europe des conquêtes
de la Révolution, ou plutôt halte d'un jour dans nos
grandes guerres. La France, fermée depuis dix ans
aux étrangers, était enfin rouverte, et tous, particulièrement les Anglais, s'empressaient d'en profiter.
Talleyrand accueillait dans ses salons de Neuilly tous
les genres de célébrité, faisait bonne mine à tous, et
chacun pouvait croire qu'il était seul à jouir de tant
de préférences. Ce séduisant accueil durait tant que
vous étiez en faveur, car le fameux ministre n'était
pas de ceux qui ont une excessive préoccupation
d'autrui, ni un dévouement qui s'oublie trop soi-
même (2). Il ne retenait pas ceux qui tombaient, et
il oubliait vite ceux qui étaient tombés. M. Ville-

(1) *Correspondance du roi Joseph*, t. II.
(2) *Souvenirs contemporains*, par Villemain, p. 93.

main ne veut pas discuter cette théorie, qu'il rapporte, ce semble, avec une indulgence par trop contemporaine, en représentant surtout M. Talleyrand comme ayant été calomnié, chose commune aux hommes qui ont prospéré sous différents régimes et à des époques diverses. Il se peut que le prince de Bénévent ait été calomnié, mais à coup sûr il ne l'a pas été quand on lui a reproché la versatilité de ses principes et la mobilité de ses dévouements. L'intérêt personnel est et a toujours été un médiocre piédestal pour la vraie grandeur.

Mme de Praslin, après la mort subite et étrange de son mari, s'était défait de sa maison de Saint-James, et, agissant en son nom et en celui de ses enfants mineurs, avait vendu, le 24 brumaire an IV, cette propriété à un M. Bobierre, moyennant 11 millions en assignats. Ce M. Bobierre céda, le 11 messidor an X, son marché à un M. Bazin pour le prix de 100,000 fr. Cette résidence ne pouvait convenir qu'à de grandes fortunes, aussi fut-elle louée successivement par le banquier Hainguerlot et d'autres financiers. Chateaubriand, avec sa brillante suite littéraire, fut attiré par les charmes du lieu ; mais les fêtes qui eurent le plus de retentissement furent celles qu'y donna la duchesse d'Abrantès, femme du général Junot, gouverneur de Paris. On conserva longtemps le souvenir d'une soirée plus somptueuse et plus magnifique que les autres, offerte à la garnison de la capitale pour cé-

lébrer la naissance d'un fils unique, héritier de tous
les titres et de toutes les dignités de la famille.
Étrange et amère dérision des choses humaines! Quarante ans après, jour pour jour, dans cette même maison où cet enfant avait vu pour la première fois la lu-
mière au milieu de tant de joie et d'allégresse, un
homme privé de sa raison, de sa fortune expirait dans
un champ obscur, et cet homme était le fils du duc
d'Abrantès! — On a donné à Saint-James le nom de
Folie-Saint-James, et le cours des années est venu sanc-
tionner cette appellation ironique; car chacun sait
que la maison de Saint-James est aujourd'hui un éta-
aablissement destiné au traitement des aliénés (1).

Le château de Neuilly fut occupé par Murat, devenu prince et grand-duc de Berg et beau-frère de
Napoléon. Villiers était déjà en sa possession, de
sorte qu'il unit les deux propriétés, et commença
ainsi ce domaine compact qui occupera une étendue
presque égale au reste de la commune. Le conseil
municipal, flatté de posséder un aussi glorieux représentant de l'ère impériale, rendit tous les honneurs au général, se prêta à tous les accommode-
ments qu'on lui demanda pour la suppression des chemins qui gênaient le château. L'église, ouverte depuis
le Concordat dans un local inachevé, reçut divers

(1) Nous devons ces renseignements à l'obligeance de M. le
docteur Pinel, propriétaire et directeur de la maison de Saint-
James.

dons de la princesse Caroline, et Murat, de son côté, se montra généreux envers les pauvres du voisinage. Cependant l'Empereur avait conçu de grands projets; il appela le grand-duc de Berg au trône de Naples. C'était une de ces conceptions grandioses du héros de placer autour de lui, dans les royaumes circonvoisins, comme autant de satellites brillants des dynasties de princes français et napoléoniens.

Le château de Neuilly devint alors le séjour de la princesse Pauline Bonaparte. Jeune fille d'une beauté éclatante, elle avait dignement tenu sa place dans les salons de sa sœur Élisa, alors que le 18 brumaire, élevant si haut sa famille, lui avait composé une cour dont Boufflers, Laharpe, Chateaubriand et Fontanes furent les principaux ornements. Mariée au général Leclerc, elle le suivit dans la périlleuse expédition de Saint-Domingue, et eut la douleur de le perdre au milieu de circonstances qui témoignèrent de son rare courage et de sa supériorité de caractère. A son retour, elle fut mariée à Camille Borghèse, un des princes les plus riches de l'Italie. Cette union formée par la politique ne fut pas heureuse, et Pauline, affligée de la perte du fils de son premier mariage, chercha en France quelques consolations. Une sorte d'antipathie qu'elle montra envers Marie-Louise obligea son frère, dont l'affection était pourtant bien vive, à l'exiler de la cour. Le lieu d'exil fut Neuilly, où la princesse oublia facilement les grandeurs des

Tuileries. Les arts, les lettres se réunirent de nouveau sur cette terre privilégiée, et les hommes les plus remarquables de l'Empire vinrent tour à tour rendre hommage à celle qui avait des encouragements, des mots flatteurs pour tous les talents. Quand les revers de 1814 viendront, Pauline, oubliant sa disgrâce, accourra près de son frère à l'île d'Elbe; en 1815, elle lui enverra ses plus belles parures tombées, hélas! à Waterloo, au pouvoir des ennemis.

Neuilly renfermait encore des généraux célèbres : Gouvion Saint-Cy, soldat de toutes les campagnes depuis l'enrôlement de 93, et nommé maréchal de l'Empire dans les glaces de la Russie; Cambronne, dont le souvenir populaire se rattache à l'histoire de nos derniers désastres, et qui a doté son nom de la même immortalité que certains noms de la Grèce et de Rome. Il commandait à Waterloo une des divisions de l'armée, et, se trouvant de toutes parts entouré par des masses d'ennemis, on le somma de se rendre : « La garde meurt et ne se rend pas! » Telle fut la fameuse réponse qu'on lui prête, réponse dont il a lui-même décliné l'honneur en plusieurs occasions. Elle appartenait réellement à un major resté seul officier debout au milieu des carrés foudroyés. Quant à la réponse de Cambronne, elle fut plus brève, plus énergique, et bonne, disait-il, pour des oreilles anglaises. Nous mentionnerons aussi le nom d'un général dont un jour suffit pour obscurcir la gloire et l'honneur de nos drapeaux. Un affreux revers, la capitulation de Baylen, ce grave échec que pour la première fois reçurent les armes impériales, dépose contre celui que la fortune trahit ou qui trahit sa fortune. Il ne nous appartient pas de juger ce procès des fourches caudides françaises, comme l'appelait Napoléon. Il ne nous reste qu'à gémir sur le sort de plusieurs milliers de braves soldats morts de faim et de misère à la suite de cette capitulation indignement violée. Le général Dupont, gendre de Bergon, directeur des eaux et forêts, habitait les Ternes, qui revirent à cette époque des jours brillants. Bergon, vieillard aimable et plein d'esprit, en dehors de sa position élevée avait des goûts littéraires. Membre de plusieurs académies, il a composé les éloges du maréchal d'Estrées, de Clairaut et de Restaut. Il est mort aux Ternes en 1824, après avoir joui d'une vieillesse patriarcale.

Dans le même temps, un homme parvenu aux plus hautes dignités conquises par son mérite, continuait sur le territoire de Neuilly des expériences utiles à la France. Chaptal, ami de Parmentier, fonda un établissement consacré aux grandes applications pratiques de la science, la fabrication de l'acide sulfurique, de l'alun artificiel, de la soude factice, etc., qui ont opéré une véritable révolution dans les arts industriels.

Nous terminerons cette revue des personnages qui,

célèbres à divers titres, ont séjourné dans la commune, en citant un littérateur philosophe, membre de l'Institut, d'une singulière réputation. Delisle de Sales, cerveau exalté, esprit ardent, avait composé près de cent vingt volumes ; son *Histoire des Hommes* en compte cinquante-deux. Cet auteur infatigable se promenait sans cesse le long des grandes avenues, les poches pleines de ses écrits, et en proposait la lecture à ses amis, qui s'estimaient heureux quand ils pouvaient fuir un ami si incommode par sa fertilité littéraire. Delisle perdit patience en se voyant privé des louanges auxquelles il s'attendait, il fit donc lui-même son apothéose, en plaçant dans son jardin son buste en marbre blanc, au-dessous duquel il mit cette inscription :

Dieu, l'homme, la nature, il a tout expliqué.

Le distique fut complété par le spirituel Andrieux, qui ajouta :

Mais personne avant lui ne l'avait remarqué.

Cependant les grandes destinées de l'Empire s'accomplissaient avec un retentissement lamentable. La guerre avait tué la guerre. Les peuples coalisés contre nous envahisssaient la France du nord au midi. Trahi par ses alliés, mal servi par ses généraux, forcé d'abandonner les unes après les autres toutes ses conquêtes, le grand empereur en était réduit à disputer pas à pas le sol de la patrie à ceux qu'il avait tant de fois vaincus. Les prodiges accomplis chaque jour dans cette admirable campagne où son génie, comme un flambeau qui va s'éteindre, jeta peut-être ses plus vives clartés, ne faisait que retarder l'heure fatale. Les souverains alliés et leurs soldats ne s'avançaient qu'avec défiance, presque effrayés de leur succès, et nul ne pouvait dire avec quelque certitude quelle serait pour Napoléon l'issue de la lutte. Une dépêche adressée par lui à Marie-Louise fut interceptée, et apprit aux ennemis la marche qu'ils devaient suivre ; une pointe rapide et heureuse sur Paris leur réussit. Les hauteurs de Ménilmontant, de Belleville et de Montmartre, après un combat assez court, leur furent abandonnées. Comme chacun sait, la résistance se concentra sous les ordres de Moncey aux barrières de Clichy et de Monceaux, héroïque résistance, qu'a immortalisée le pinceau d'un de ses combattants, H. Vernet. Bientôt les corps des ducs de Trévise et de Raguse, évacuant leurs positions, défilèrent par la route de la Révolte, annonçant une suspension d'armes, préliminaire de la capitulation. Le pont de Neuilly, défendu par quatre pièces de canon servies par quelques gardes nationaux anciens soldats contenaient des bandes de cosaques, maraudeurs du corps d'armée de Langeron. Des détachements saxons et westphaliens, qui occupaient Courbevoie, se présentèrent aussi, mais l'attitude énergique des défenseurs du pont les tint en échec. Il fallut un ordre exprès, qu'un aide de camp du roi Joseph apporta, pour arrêter toute idée de résistance. Le lendemain, le pont redevenu libre vomit des colonnes entières d'ennemis sur Paris et les champs-Élysées; des bataillons prussiens et hessois bivouaquèrent à Neuilly, où, cette fois, ils gardèrent une discipline assez sévère.

Nous n'avions pas bu le calice des humiliations jusqu'à la lie; il était réservé à la France et à sa capitale d'éprouver une honte et un malheur plus grands. Waterloo amena encore une fois les étrangers sous nos murs. Les Anglo-Prussiens avaient précipité leur marche sur Paris, où, de l'aveu de tous, ils eussent été sérieusement compromis, leur flanc gauche étant entièrement découvert et exposé à l'armée française, si des intrigues et des négociations demeurées secrètes n'eussent assuré leur triomphe par une capitulation décisive. Neuilly, défendu par une troupe d'invalides courageux, fut livré le 4 juillet aux régiments écossais, et Wellington vint fixer son état-major général dans le château de Saint-James. Ce fut là qu'il reçut les visites mystérieuses de Fouché, du baron de Vitrolles, du vicomte du Bouchage, etc. L'Empire n'existait plus.

Dans cette seconde invasion, les alliés se montrèrent beaucoup plus durs; ils saccagèrent Clichy et gaspillèrent ce qu'ils ne purent consommer. Il en fut de même à Neuilly. Le général anglais eut à peine quitté sa demeure qu'une bande de chasseurs de Hanovre et de Nassau se rua sur cette élégante maison, y promena la dévastation, sans oublier les caves. D'autres habitations eurent également à souffrir de l'indiscipline et du pillage. Quelques actes énergiques de résistance opérés par de courageux citoyens réveillèrent l'attention des chefs étrangers, et toute la garnison fut reportée, soit dans les Champs-Élysées, soit dans le bois de Boulogne, dont les malheureux arbres eurent à subir plus d'un outrage.

Sous la Restauration, Bagatelle retrouve ses anciens maîtres. Le joli pavillon ne tente plus le comte d'Artois, revenu à des idées plus sérieuses ; ses enfants affectionnent ce séjour, dont ils permettent l'abord au public parisien. Neuilly répare lentement les ravages de la guerre, et voit paraître et disparaître un poëte dont le nom obtint quelque célébrité. Millevoye, lauréat de l'Institut, et plus connu aujourd'hui par ses élégies, surtout celles de la *Chute des Feuilles* et du *Poëte mourant*, que par ses autres écrits. Une profonde sensibilité, de la grâce, de l'abandon, tels sont les caractères de ces mélancoliques compositions, dont on n'avait pas alors abusé. La santé du poëte se trouvant gravement compromise, les médecins l'envoyèrent respirer l'air pur du haut Neuilly. Il y prit une maison qui recueillit avec son dernier soupir ses dernières inspirations. Pressentant sa fin prochaine, il écrivit les vers suivants :

> La fleur de ma vie est fanée;
> Il fut rapide mon destin!
> De mon orageuse journée
> Le soir touche presque au matin.

Un jour qu'il avait fait une course à Paris, il se trouva si faible qu'il lui fut impossible d'arriver jusqu'à sa maison. On le transporta près de la barrière de l'Étoile, dans un appartement où il souffrit encore quelques jours, et mourut le 12 août 1816, à l'âge de trente-quatre ans, sans avoir eu le temps de réaliser les belles espérances que son talent poétique avait fait concevoir. La veille de sa mort, dit M. Dumas, un de ses biographes, il tenait encore la plume; après un travail de deux heures, il demanda un volume de Fénelon, qu'il ne cessa de lire comme pour exhaler sa vie à la douce voix de l'éloquence chrétienne et au sein même de la vertu. Disons, pour lier les souvenirs des lettres et des arts, qu'à la même époque, suivant le rapport d'E. Delacroix, un peintre célèbre, Géricault, avait établi son atelier au même lieu, et que ses tableaux remarquables, entre autres celui du *Naufrage de la Méduse*, furent peints aux Ternes.

Cependant un hôte illustre s'apprêtait à donner à Neuilly une célébrité plus grande; cet hôte était Louis-Philippe. Voici dans quelles circonstances :

Louis XVIII s'étant trouvé en possession des écuries de Chartres, ancien apanage de la maison d'Orléans, désirant, à cause de leur proximité, garder ces dépendances utiles, offrit au duc de choisir entre l'Élysée-Bourbon, le château de Neuilly ou une indemnité pécuniaire. Louis-Philippe, n'ayant aucune résidence voisine de Paris, choisit Neuilly, pour l'agrandissement duquel il conçut et exécuta d'énormes dépenses. La branche d'Orléans, seule branche du sang royal qui eût survécu à nos révolutions, avait réuni une fortune immobilière considérable, provenant des familles auxquelles elle s'était alliée et dont l'extinction l'avait fait héritière. Nous ne disons rien du rameau des Condé, mourant dans le vieillard victime du drame de Chantilly. Le duc d'Orléans fit de Neuilly sa terre, sa demeure privilégiée. Là naquirent presque tous ces princes et ces princesses enrichis à l'envi des dons de l'intelligence et de l'esprit, couronne vivante et animée dont aimaient à s'entourer des parents justement orgueilleux. La vie coulait à pleins bords dans ces salles remplies, non par des courtisans et par des étrangers, mais par des enfants en qui devaient revivre les plus nobles et les plus précieux souvenirs. Leurs noms d'apanage rappelaient jusqu'au sein de l'intimité et des jeux un passé glorieux et un avenir brillant. Ceux qui ont visité le château nous disent que dans une chambre, sanctuaire maternel, Marie-Amélie avait conservé, disposé avec un soin, avec une précaution minutieuse, ces mille petits riens auxquels la tendresse attache un grand prix, les premiers cheveux, les premières dents; plus tard, les prix, les couronnes de ses enfants. Ainsi s'écoulaient à Neuilly, dans une retraite studieuse, les premières années des princes, tandis que le chef de la famille s'étudiait à embellir ce séjour fortuné. Il agrandit son parc, et toute la plaine jusqu'à la route de la Révolte fut à lui. Le conseil municipal laissa supprimer le chemin de halage, la voie de communication avec Clichy, Asnières et Saint-Ouen, moyennant certains avantages, utiles ressources pour le présent mais fatal expédient pour la suite. Un domaine indivis de près de six cents hectares couvrit tout le pays, et forma une longue barrière entre divers quartiers. Nous ne donnerons pas ici la description des améliorations de toute espèce que reçut le château (1). Une notice spéciale et très-complète en a été dressée, et d'ailleurs les œuvres des hommes sont périssables! Aujourd'hui, ce que le duc d'Orléans avait eu tant à cœur de réaliser n'existe plus; les champs ajoutés aux champs sont de nouveau

(1) Le château d'après des renseignements authentiques, contenait trente logements de maître, cinq cents lits de suite, écuries pour deux cents chevaux, remises pour quarante voitures, corps de garde pour cent cinquante hommes d'infanterie et pour cent hommes de cavalerie.

La laiterie, appelée Temple de Diane à cause de la statue de Diane de Poitiers, apportée d'Anet, fut épargnée en 1848. Les

morcelés et des maisons s'élèvent à chaque angle du parc !

Tandis qu'à Neuilly Louis-Philippe vivait de la vie large et paisible de propriétaire jaloux de tout ce qui touche à sa terre, les nuages s'amoncelaient à l'horizon et menaçaient la royauté poussée vers les abîmes. Alors eut lieu cette secousse sanglante qui s'appela la révolution de Juillet, plus tard reniée par ses auteurs et par ceux qui en ont profité. Un fait se substitua brutalement dans le gouvernement d'une grande nation à la place d'un principe ; on ne consulta pas le peuple : 221 députés proclamèrent le droit du succès, la souveraineté de la force ; aveugles, qui ne comprirent qu'en 1848 à quel péril ils s'exposaient, si cette force, si ce succès venaient un jour à leur manquer ! Notre intention n'est pas de raconter les événements, encore moins de disserter sur leur moralité. Sans entrer dans les détails de cette ténébreuse affaire, l'élection au trône de la branche ca-

pavillons des îles furent préservés par la crue des eaux, qui s'élevaient de douze pieds.

Le monument de 1830 fut aussi laissé intact. La princesse Adélaïde avait fait élever en bronze un petit édifice sur lequel un boulet se trouvait placé au centre et au sommet avec l'inscription suivante :

Le jeudi 29 juillet 1830.

Le boulet, motif principal de ce bas-relief, a été lancé dans le parc du château de Neuilly, par les troupes de la garde royale, qui, repoussées de Paris, se retiraient sur le bois de Boulogne.

12

dette, notre devoir d'historien nous oblige à mentionner ces visites à la sourdine de MM. Dupin et Persil, accourus à pied à Neuilly ; celle de M. Thiers qui, reçu par la duchesse d'Orléans, ne put vaincre ses honorables hésitations, et ne rencontra enfin de concours réel que dans Mme Adélaïde, dont les prétentions n'étaient pas douteuses. Quoi qu'il en soit, il paraît certain que ce fut à Neuilly que Louis-Philippe, dans un conseil de famille et d'intimes, se rallia au parti politique qui le fit roi. Il accepta la couronne, fragile et toujours contestée, diadème rêvé peut-être au temps de Dumouriez, au temps de Fouché, mais cette fois bien posé sur sa tête. Nous n'avons pas à sortir du cercle qui nous retient à Neuilly, par conséquent les événements du nouveau règne sont en dehors de notre narration. Ce domaine de Neuilly, que le roi continuait d'environner de la même affection, n'a plus que des peines et des douleurs pour cette famille installée aux Tuileries. Ainsi, à côté de tant de souvenirs agréables et intimes, de tant de délicieuses journées passées dans ce château, devenu presque le foyer paternel, vont se trouver les amertumes et les tribulations les plus poignantes. Après avoir comprimé avec une adresse qu'on ne peut méconnaître les haines, les intrigues, les conspirations des partis, le roi poursuivait sa marche persévérante à travers la loquacité tracassière des Chambres et les attentats contre sa vie,

souvent renouvelés et toujours impuissants. La prospérité matérielle de la nation était en progrès ; les
peuples voisins formaient volontiers alliance ; on
pouvait croire à la durée de l'établissement de Juillet,
lorsqu'une catastrophe lamentable, en ouvrant un
deuil dans la maison d'Orléans, laissa entrevoir les
faiblesses de l'édifice, miné dans ses fondements.
L'aîné des princes, l'héritier du trône, le duc d'Orléans, au moment de partir pour une inspection militaire, périt misérablement d'une chute de voiture
sur une route de Neuilly. Ce fut un coup de foudre
pour la France, et toutes les opinions donnèrent au
sort infortuné du prince des larmes et des regrets.
Le roi, qui devait présider le conseil des ministres
aux Tuileries, se servit de ses voitures pour se diriger
vers la route de la Révolte. On se figure plus aisément
qu'on ne peut le décrire, l'émotion, la douleur de
cette famille plongée inopinément dans la plus épouvantable des catastrophes. Le prince, étendu sur un
matelas, ne donnait aucun signe de vie. Les médecins
arrivaient ainsi que les frères de l'auguste malade,
et chaque nouveau venu ravivait les émotions des
assistants. Les hommes de l'art, après avoir examiné
l'état du blessé, avaient déclaré que sa situation était
des plus graves. On craignit un épanchement au cerveau, et tous les symptômes se réunissaient malheureusement pour confirmer cette appréhension
fâcheuse. Chaque minute semblait empirer le mal.

Le prince n'avait pas repris un seul instant connaissance. Quelques mots confusément prononcées en allemand avaient seuls pu inspirer un espoir presque aussitôt évanoui. Le roi avait fait prévenir les ministres rassemblés au conseil, et ils s'étaient immédiatement rendus à Sablonville, dans la maison de deuil. A deux heures, le mal empirant, le curé de Neuilly prévenu administra au mourant le sacrement de l'extrême-onction, et récita les prières des agonisants.

Aucune plume ne peut rendre l'aspect déchirant que présentait la chambre où le prince avait été déposé. La reine et les princesses, agenouillées auprès du lit du blessé, versaient sur cette tête chérie, des flots de larmes et de prières. Les princes sanglotaient. Le roi debout, immobile, suivait les progrès du mal, dans un silence douloureux.

Au dehors, la foule augmentait à chaque minute, éperdue et consternée.

Cependant, sous l'influence d'une médication énergique, l'agonie se prolongeait, la vie se retirait, mais lentement, et non sans lutter contre la destruction qui allait emporter tant de jeunesse. Un moment, la respiration parut plus libre, le pouls devint sensible, et comme les cœurs désolés se rattachent aux moindres espérances, on se reprit à espérer. Un instant de calme interrompit cette longue scène d'affliction, mais cette lueur de mieux disparut bientôt : c'était le mieux précurseur ordinaire de la mort. A quatre heures, le prince était en proie aux symptômes les moins équivoques d'une fin prochaine, à quatre heures et demie, il rendit son âme à Dieu, entre les bras de son père, sous les larmes de sa mère, au milieu des sanglots et des cris de désespoir de toute sa famille.

Le prince mort, Louis-Philippe, avec une fermeté pleine de résignation, emmena la reine et tous les assistants dans la chambre contiguë; la reine, accablée, anéantie, s'écria : « Quel malheur pour notre famille, et quel affreux malheur pour la France! (1) —Encore si c'était moi! » reprit le roi. En entendant ces mots, l'assistance redoublait de larmes et de gémissements.

A cinq heures, la dépouille mortelle du prince, placée sur une litière recouverte d'un drap blanc, fut portée par des sous-officiers, jusqu'au château de Neuilly, toujours en traversant le parc. Le deuil était conduit par le roi, chapeau bas, et suivi par tous

_____

(1) Le jour même de cette mort si imprévue, la reine écrivait le billet suivant à l'un de ses fils, absent de Paris.
                     « Neuilly, ce 13 juillet 1842.
« Mon pauvre ami, nous avons perdu notre Chartres chéri. Reille te donnera les détails de ce malheur affreux. Victoire et Clémentine partent pour aller chercher la trop infortunée Hélène; arrive, toi, pour consoler ton malheureux père, qui a besoin d'appui. Tu as perdu un vrai ami.... J'ai perdu un trésor. J'ai donné le dernier baiser sur ses lèvres froides.... Prions Dieu pour lui. »
                     (*Mémoires d'un Bourgeois de Paris*, tome IV).

les témoins de cette scène navrante; le corps fut
déposé dans la chapelle jusqu'au moment de l'em-
baumement. Les obsèques furent célébrées à Notre-
Dame, avec une pompe, un luxe royal, et le lieu
de la sépulture fut la chapelle du château de Dreux.

Le duc d'Orléans avait été transporté, avons-nous
dit, dans une pauvre maison, à cinquante pas du
lieu où il avait été précipité de sa voiture. M. Le-
cordier, marchand épicier, ayant relevé le prince,
l'avait naturellement conduit dans sa propre demeure. Cette maison, élevée d'un seul étage, avait
une façade peinte en rouge, comme la plupart de
celles où l'on vend du vin; la première pièce était
la boutique d'épicerie : quelques tiroirs, des paquets
de drogues au-dessus d'un comptoir mesquin, tel
était son ameublement; une petite porte pleine
conduisait à une arrière-boutique, où le prince est
mort. Une table couverte de toile cirée, pour les
buveurs, deux chaises, un petit poêle en faïence
avec un tuyau en zigzag; au milieu quelques vases
de cuisine accrochés à la muraille nue, un vieux
fusil, deux chandeliers de cuivre sur une large
cheminée remplie par un fourneau; à côté d'une
faux suspendue au mur, deux grossières estampes
représentant Napoléon sur le mont Saint-Ber-
nard, et Poniatowski se noyant à Leipsick; telle
était cette chambre, de douze pieds carrés, éclairée
par une croisée délabrée, dont la partie inférieure

seule se levait à coulisses sur une cour, où un fumier
fétide couvrait ou remplaçait le pavé.

Cette maison fut achetée cent dix mille francs, pour
être démolie, et une chapelle fut élevée sur son emplacement. Cette chapelle, bâtie près des forti-
fications, a peu d'élévation; elle a la forme d'une
croix grecque; l'aspect en est simple, sévère; une
grande cour, où sont plantés des rangs de cyprès,
lui sert de vestibule; l'autel, au point d'intersection
de la croix, est au lieu même où l'infortuné duc
rendit le dernier soupir : tous les ornements et tous
les accessoires respirent le deuil et la tristesse. Les
croisillons ont pour verrières les figures des saints
patrons de la famille; dans l'emplacement du côté
droit, un cénotaphe sur lequel repose étendu le
prince, de grandeur naturelle, par Marochetti, a été
admirablement disposé pour recevoir un des derniers
ouvrages de la douce et habile princesse Marie
d'Orléans; un ange au radieux visage, les yeux
fixés au ciel, les mains baissées vers la victime,
semble être l'ange de l'espérance et de la consolation.
Ce groupe, qui est le principal morceau d'art, est en
marbre blanc.

Derrière l'autel, un petit escalier conduit à une
salle basse et humide, qui sert de sacristie. Une fondation perpétuelle a été créée pour l'entretien du
monument, de l'aumônier et des gardiens.

Cette épreuve cruelle de la perte du fils aîné,

n'était pas la dernière qui attendît la maison d'Orléans : l'ambition turbulente de certains hommes,
leurs convoitises impatientes, fatiguées de la longueur du dernier ministère, de concert avec les prédi-
cations des réformateurs et l'action mystérieuse et con-
tinue des associations secrètes agitaient fortement les
esprits, remuaient vivement les passions et mettaient
à nu les plaies de la société. Justement à la même
époque, des procès scandaleux, jugés par la chambre
des Pairs, la révélation de transactions honteuses et
de marchés ignobles, dans les hautes régions du
pouvoir, fournissaient une ample matière aux dé-
clamations, aux âpres censures, aux jugements
sévères de l'opinion. En cet état de choses, une étin-
celle pouvait mettre le feu au trône et ruiner en un
instant dix-huit années de travaux ; c'est ce qui
arriva : les événements sont encore assez près de
nous pour que chacun s'en souvienne. Le principe
de la souveraineté populaire se fit jour au milieu de
la réforme électorale, et demeura vainqueur.

Il est digne de remarquer que malgré le retentissement donné au récit des détails de la rapide
révolution de février, un silence à peu près complet
ait été gardé jusqu'ici sur les scènes dont Neuilly
fut le théâtre ; les journaux, les revues, les livres
amis ou ennemis se taisent sur cet épisode digne en
vérité d'être enseveli dans l'oubli, mais que l'histoire
doit cependant enregister, ne fût-ce que pour le

flétrir : nous avons donc eu recours aux sources les
plus certaines et aux documents les plus sûrs, et
mêlant nos impressions d'alors aux renseignements
authentiques, nous retraçons ces journées lamentables. Un article écrit tout d'enthousiasme par
M. Jules Simon, dans la *Liberté de penser* (mars 1848),
résume en ces termes l'histoire de la révolution dans
la banlieue : « Le peuple des barricades avait
donné partout des preuves de son héroïque probité,
il avait traversé en haillons le palais des Tuileries,
gorgé d'or et de richesses, sans que l'idée lui fût
venue de déshonorer la victoire par le pillage,
pourquoi s'en étonner? Ceux qui donnent leur vie
pour une idée ne sont pas des âmes vulgaires, et les
blessures reçues dans les barricades sont des certi-
ficats de probité ; mais derrière le peuple qui se bat,
il y a cette populace, rebut de la société, qui se vend
ou qui vole ; tandis que la canaille élégante se ruait
à l'hôtel-de-ville pour se disputer les places et mettre
à profit son républicanisme de fraîche date, le rebut
des prisons et des bagnes, désespérant de voler dans
Paris parce que le peuple lui-même, selon l'expression de M. Caussidière, *y était magistrat*, se
jeta sur la banlieue et se mit à piller et à incendier;
il fallut s'armer pour défendre les presses mécani-
ques; il fallut veiller sur les chemins de fer, et
tout le zèle des bons citoyens ne put empêcher
de grands malheurs. » Puis, en note, M. Jules

Simon considère les ponts, les gares de stations brû-
lées, évalue les pertes; mais de Neuilly, de ce désastre mille fois plus coûteux, pas un mot; nous ré-
parons donc cet étrange oubli, en décrivant, pour
l'intelligence du triste drame qui nous attend, la situation de Neuilly au 24 février 1848.

Là, comme partout, l'opinion populaire exaltée
faisait courir de sinistres rumeurs. A une demi-
lieue à peine du théâtre des événements, les bruits
les plus contradictoires semaient la vérité et le men-
songe au milieu d'un quartier silencieux et calme
comme à l'approche d'une tempête. Les ténèbres,
qui ne se firent point attendre en février, couvrirent
les rues et redoublèrent les craintes; un ramassis de
gens sans aveu formaient aux barrières des rassem-
blements dans lesquels on voyait beaucoup d'enfants abandonnés par l'impuissance ou l'incurie
de parents coupables. A un signal convenu, les
arbres du boulevard de l'Étoile furent abattus pour
servir de brasiers pour la nuit; les barricades étaient
inutiles dans une position ouverte et délaissée par
la troupe; bientôt des hurlements sauvages, des
chants confus annoncèrent au loin le stationnement
de cette bande, toute disposée pour le mal et prête à
remplacer les employés de l'octroi, que leur petit
nombre défendait à peine. Voilà que tout à coup
une diligence allant à Caen se présente à la bascule
du Roule au triple galop de ses chevaux vigoureux:

on l'arrête, on questionne les voyageurs sur les événements de Paris, et lorsqu'après un inutile interrogatoire on lui intime l'ordre de partir, un des insurgés, prenant une de ces piques de·fer avec lesquelles on sonde les voitures, l'enfonce avec une rage brutale dans les flancs du premier cheval de l'attelage. Le cocher seconde avec le fouet ce cruel signal de départ, qu'il ne comprend pas encore, et la voiture, emportée par un élan irrésistible, arrive en face de l'église des Ternes, où la pauvre jument, qui avait arrosée l'avenue de son sang, tombe morte à côté de ses compagnons couverts d'une écume de sueur; la frayeur était telle, que, sans s'arrêter, les traits furent coupés et le cadavre laissé au milieu de la route, d'où il ne fut relevé que le lendemain.

A partir de cet instant, l'autorité ne fut plus maîtresse dans Neuilly. Pendant cette longue et douloureuse nuit, chaque maison, chaque boutique était visitée avec fracas par ceux qui cherchaient des armes; on faisait peu de résistance; on en était quitte pour crayonner sur la devanture ces mots : *armes données*, puis on barricadait sa porte et on regagnait doucement son intérieur. Le calme revint peu à peu; les bandes se dirigeaient toutes vers le centre de Paris, rejointes par quelques rares individus dont les cris allaient de rue en rue, quand derrière eux les maraudeurs attardés n'achevaient pas de briser les verres des becs de gaz, qui tombaient çà et là avec un bruit strident et pénible. La bataille était décidément perdue par la couronne, que les indécisions toujours fatales avaient placée sans défense devant le flot révolutionnaire; alors cette armée superbe, qui était entrée si fièrement dans la capitale, inclina ses drapeaux et reprit le chemin de ses quartiers, après une défaite sans lutte ni combat. Une partie des troupes défilaient silencieusement dans l'avenue de Neuilly; le bruit lointain de cette masse de cavalerie ébranlant le sol ressemblait au murmure imposant des flots de la mer se retirant des grèves et jetait dans les esprits mille pensées navrantes. On ignorait les événements, mais on savait qu'ils étaient graves : l'abdication de l'autorité était complète, la prise de possession du vainqueur ne l'était pas encore. La multitude avait envahi, pillé, saccagé les Tuileries avec un raffinement d'excès pour lesquels les honnêtes gens n'ont pas assez d'anathème, excès que la Providence permet peut-être pour servir de leçon aux partis. Une bande de ces vainqueurs se détacha des Tuileries pour marcher sur le château de Neuilly; ils avaient hâte de profiter de ce que le nouveau gouvernement n'était pas encore organisé! Ces hommes couverts de vêtements disparates, revêtus d'ornements militaires grotesques, avaient un aspect sombre et misérable, sauf quelques-uns, dont l'attitude annonçait la conviction. Ils s'avançaient en désordre, menant pêle-mêle avec eux des femmes au visage effronté, des enfants d'une perversité précoce, et presque tous étaient armés de fusils, de pistolets et de sabres; leur nombre dépassait six cents, mais ceux que la curiosité ou le dévouement amenait à leur suite grossissaient leur cortége de façon à présenter une réunion de plus de huit cents hommes.

L'alarme avait été donnée au château, mais on était loin de prévoir ce qui devait arriver : par précaution, on transporta plusieurs objets précieux à la mairie, d'où étaient partis des ordres utiles que le temps et surtout le manque d'agents empêchèrent d'exécuter.

Arrivés à la grille, deux hommes ayant pour ceinture une large écharpe rouge, demandèrent au nom du peuple à visiter le domaine, afin de s'assurer qu'aucun prince ou ministre n'avait trouvé asile dans ces lieux suspects. Il paraît que les républicains véritables qui s'étaient battus n'avaient réellement pas d'autre but en marchant sur Neuilly, et l'on en cite plusieurs qui se firent maltraiter pour avoir prononcé des paroles d'improbation énergique sur un pillage quelconque des biens du roi. La requête des deux hommes à l'écharpe rouge fut étouffée par les cris mille fois répétés : A bas le roi! Vive la réforme! Vive la république. Le régisseur du château, ému, troublé, étourdi par tant d'événements extraordinaires, ne savait quel parti prendre,

il était sans moyens de résistance : il aurait fallu
pour dominer la situation avoir un rare sang-froid
et un rare bonheur. La garde nationale de Neuilly
n'avait pas été convoquée; du reste, désarmée en
partie par les insurgés le 24 février, elle était désor-
ganisée. Quelques citoyens courageux avaient formé
des postes de sûreté à la barrière du Roule, où ils
échangèrent un feu assez vif pendant dix minutes
contre un corps de pillards, à la mairie, où ils proté-
geaient les papiers de l'état civil et de la commune.
La multitude qui se pressait à la porte du château
redoublait ses vociférations, force donc fut à l'infortuné régisseur d'ouvrir toutes les grilles : à l'instant
ce fut une tempête, un ouragan ; les premiers entrés
commencèrent par tirer quelques pièces de gibier,
et les détonations successives des armes appelèrent
toute la bande. Derrière eux le désordre s'organisait;
il est triste de le dire, ce sont les populations locales
qui en donnèrent l'exemple. On avait formé dans les
cours de service d'immenses amas de fagots provenant
des arbres du parc : soit qu'on craignît l'incendie, soit
qu'on voulût désarmer la foule, une voix s'écria que
ce bois était destiné par la reine à être distribué aux
pauvres de Neuilly, et qu'on pouvait l'emporter. (1).

(1) Un grand nombre de ces gens ne croyaient pas faire mal.
Un homme (mort depuis en Afrique) à qui la reine, par notre
ministère, avait payé une année de loyer de sa famille, nous
avouait que sans cette permission il n'eût pas pris une ba-
guette. Il se déclarait prêt à tout reporter.

Alors chacun se rua sur ces fagots, on se mit à les enlever et à les transporter avec une ardeur sans égale, c'était comme une vaste fourmilière; on voyait femmes, enfants, vieillards avec des voitures, des brouettes, des paniers, des hottes, s'éloigner dans toutes les directions et s'empresser de revenir au butin.

Pendant ce temps-là des rafraîchissements abondants, des vins fins avaient été mis avec profusion à la disposition des insurgés; avec le vin il y eut un redoublement d'audace, une fermentation redoutable des esprits et un funeste besoin d'action. Les bouteilles pleines étaient brisées dans le haut par le dos du sabre, et dans une fraternité ignoble chacun buvait ainsi au tranchant du verre : malheur à celui qui hésitait ! Sous l'influence de ces boissons funestes, on entra enfin dans le château. Qui pourrait retracer les scènes de vandalisme, de licence et d'abomination qui se passèrent alors ! Des sauvages n'auraient pas entassé plus de ruines : chaque objet, chaque meuble, chaque tableau rappelant des souvenirs proscrits depuis un jour, était brisé, haché; des glaces tombaient avec fracas sur les planchers enfoncés; les fenêtres étaient détruites, les vitraux cassés et les rideaux mis en pièces; les canapés, les lits, les fauteuils furent souillés par des turpitudes que la plume ne peut retracer. Tout fut fouillé et enveloppé dans la même proscription. Les femmes se distinguèrent surtout dans cette œuvre infernale : c'était la destruction pour la destruction en haine du riche, en haine du roi ! Des inscriptions au charbon sur les murs portaient : *Mort aux voleurs;* beaucoup d'objets de petit volume furent néanmoins soustraits, et les tribunaux jugèrent plusieurs cas de détournements commis à ce pillage. Des hommes aux intentions droites (1) s'étaient aventurés au milieu de ces saturnales, ils essayèrent de sauver de la ruine différentes choses de valeur; les uns réussirent, les autres ne purent réaliser leur dessein; tous coururent risque de la vie; car, il faut l'avouer, dans cet état d'exaltation extraordinaire, ces pillards, ces incendiaires n'auraient pas reculé devant le meurtre.

Tandis que l'intérieur du château était livré en proie à ces forcenés, les caves ne présentaient pas un spectacle moins déplorable. On sait que les caves de Neuilly, servant d'entrepôt général pour les besoins de la maison royale, renfermaient des approvisionnements très-considérables en vins et liqueurs de toute espèce. Le vin était soigneusement classé

(1) Un ouvrier nous apporta, le soir même de l'incendie, cachée sous sa blouse, une magnifique chasuble brodée; nous l'envoyâmes la déposer à la mairie, ce qu'il fit. Cet homme, au milieu des détails qu'il nous racontait sur ce qu'il avait vu et entendu, termina en nous disant : Monsieur, je ne sais pas ce que c'est que l'enfer dont on parle, ce que je sais c'est que j'ai vu aujourd'hui chose pire que l'enfer, une assemblée de démons.

par crû, par année, soit en bouteilles, soit en pièces ;
une centaine d'insurgés armés de torches, de bougies,
s'introduisirent dans ces souterrains, en appelèrent
d'autres à leur aide, et là, sous ces sombres voûtes,
une destruction d'un genre nouveau eut lieu. Après
qu'ils se furent rassassiés, des rangées entières de bouteilles furent brisées, des tonneaux défoncés : la
liqueur coulait si abondamment qu'un témoin oculaire affirmait qu'elle montait jusqu'à mi-jambe.
Des nouveaux venus se jetaient avec avidité dans
cette rivière et buvaient à l'aide de leur casquette,
de leur bonnet de police et quelques-uns dans leur
chaussure ; les femmes du dehors envoyaient remplir
des vases de tout genre et s'associaient par l'ivresse
aux scènes de désordres que nous racontons (on
évalue à plus de 1,200,000 fr. la perte du vin dans
les caves). Le château de Villiers fut le théâtre des
mêmes excès que celui de Neuilly, si ce n'est qu'il
fut en feu le premier.

La nuit approchait ; ces hommes gorgés de boissons, presque tous sans connaissance, animés par
leurs excès, consommèrent leur œuvre : le feu fut
mis au rez-de-chaussée dans un grand salon par un
enfant de douze ans, et il fut activé si promptement
que les pillards de l'étage supérieur eurent à peine
le temps d'échapper ; le temps était sec, le vent
violent et orageux, l'incendie fit de prodigieux ravages. Il était organisé et dirigé par des hommes

de sang-froid, calmes dans leurs préparatifs, soi-
gneux dans leurs dispositions, qui savaient former
un faisceau de cinq ou six bougies liées ensemble
et amonceler sous les rideaux des foyers composés
d'amas de feuilles, de livres ou de linges en flammes.
Le lendemain, on releva dix-neuf cadavres : neuf
dont trois femmes, foudroyés par des libations trop
copieuses ; deux tués en tombant dans des puisards de
caves ; un tué d'un coup d'épée par un factieux ; une
fille de vingt ans dont la figure ainsi que le corps
étaient coupés par des éclats de bouteilles ; deux noyés
dans la Seine ; enfin quatre individus réduits en
charbon, sans vêtement qui pût les faire reconnaître.

Ceux qui habitaient Neuilly à cette époque se
souviendront longtemps de cette nuit, qui fut plus
terrible que les précédentes. Une longue traînée de
feu cernait la propriété Rotschild, à Suresnes, le pont
d'Asnières et le château d'Orléans ; tout brûlait à
la fois, et des gerbes de flammes rougeâtres s'élevant
dans les airs coloraient au loin l'atmosphère et re-
flétaient les lueurs les plus sinistres. L'imagination,
prêtant des ailes à la réalité, nous faisait entendre
les cris de joie et les hurlements des vainqueurs.

Le feu brûlait encore le lendemain ; les incendiaires avaient passé la nuit à boire ou à dormir,
veillant sur leur ouvrage. Ce ne fut que dans la
matinée qu'ils songèrent à quitter cette tâche, dont
ils s'étaient trop bien acquittés. Leur départ fut une

déroute complète : les uns portant au bout de leur baïonnette, un pain, les autres, une pièce de gibier, presque tous à la marche chancelante, traversèrent en silence le pays attristé; la population entière se tenait sur les portes, aux fenêtres, afin de contempler ces héros de la destruction, dont un grand nombre, vaincus par les excès et la lassitude, tombaient sur les chemins, et restaient là, gisant dans le ruisseau, immobiles et sans vouloir quitter cette position, où les clouaient la fatigue et le sommeil. — Cependant le gouvernement provisoire avait dépêché plusieurs élèves de l'école Polytechnique, dont l'uniforme agissait alors comme un talisman sur l'esprit des masses, afin de recueillir ce qu'ils pourraient du naufrage. Ces commissaires ne purent que constater l'immensité du désastre (il a été évalué plus tard à près de cinq millions); tout était perdu, et les deux fourgons qu'ils avaient amenés avec eux emportèrent seulement une partie de l'argenterie et quelques objets déposés à la mairie.

Les grilles du domaine de Neuilly, devenu *propriété nationale*, se refermèrent, et on respecta leur clôture, sauf quelques excursions dans le parc, pour y choisir des arbres de liberté.

L'incendie du château fut-il prémédité? Doit-on voir dans cet acharnement contre des murailles, dans cette destruction de choses innocentes, un dessein formé d'avance, et exécuté de sang-froid? Beaucoup l'ont pensé et y ont vu un désir ardent d'atteindre dans ses affections les plus chères, la famille d'Orléans. D'autre part, est-il permis de croire que cette foule passionnée se soit réunie par circonstance fortuite, à l'heure des résolutions où toutes les mauvaises actions sont impunément possibles, sans qu'il y ait eu de mot d'ordre, de rendez-vous indiqué, sans qu'on puisse faire retomber sur personne cette responsabilité. Peut-être serait-on dans le vrai en admettant que les meneurs de la bande, cette vile populace, dont parle M. J. Simon, avaient conçu ce coupable projet, mais que quant aux autres, il n'en faudrait accuser que l'occasion, qui a sur les hommes, surtout aux époques de troubles, une irrésistible influence.

En écrivant ces tristes pages, ce n'est pas nous qui dirons comme certains publicistes, aveuglés par l'esprit de parti, que la providence n'avait préservé tant de fois Louis-Philippe, des coups meurtriers des assassins, que pour le réserver à ces humiliants opprobres. Nous ne sommes pas de ceux qui cherchent à lire dans le ciel des caractères de vengeance. Dieu est juste, Dieu est bon, lui seul a le droit de juger ; sans doute l'orage est moins rapide et la tempête moins prompte que ne fut soudaine la révolution de Février. Le cœur du malheureux roi a dû être broyé, en voyant détruire, avec une incroyable facilité, l'œuvre de dix-huit pénibles années.

Ce spectacle a dû être pour lui une lente et affreuse agonie : son nom traîné dans la boue, sa fortune perdue, sa famille dispersée, ses fils avec leurs jeunes enfants, errants à l'étranger! quel est celui qui ne respecterait pas les angoisses, les amertumes d'un vieillard réduit à ce misérable état ! D'ailleurs ce vieillard, dont l'infortune a droit à notre commisération, a tenu entre ses mains les destinées de notre patrie, et son règne, quelle que soit la manière dont on le juge, ne sera pas un des moins importants du siècle.

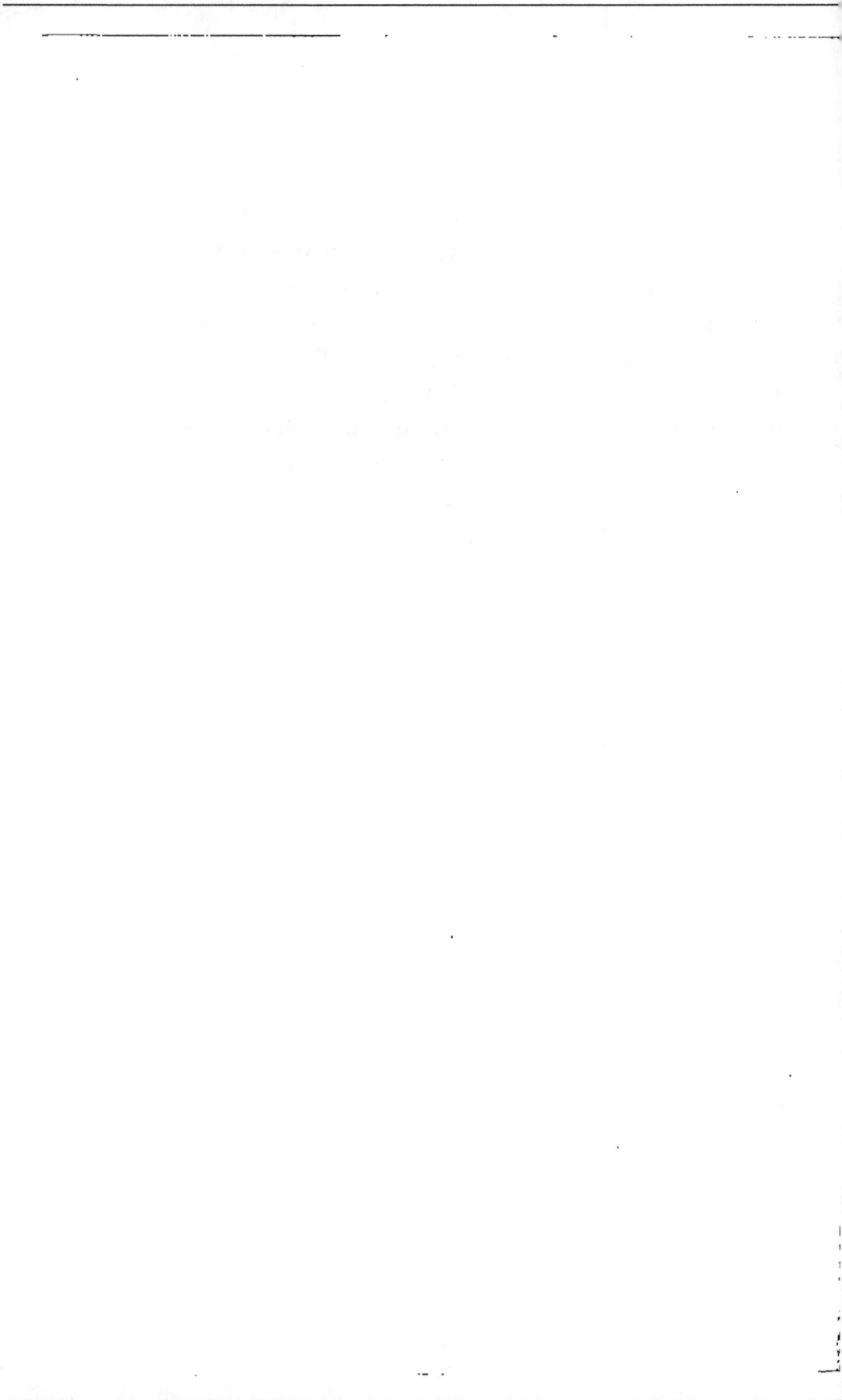

TABLE DES MATIÈRES.

CHAPITRE III.

DEPUIS FRANÇOIS Ier JUSQU'AU SECOND MARIAGE DE HENRI IV.—1520 à 1600.

CHAPITRE IV.

DEPUIS LE SECOND MARIAGE DE HENRI IV JUSQU'AU RÈGNE DE LOUIS XV.—1680 à 1715.

CHAPITRE V.

DEPUIS LE RÈGNE DE LOUIS XV JUSQU'A LA CONSTRUCTION DU PONT.—1715 à 1772.

CHAPITRE VI.

DEPUIS LA CONSTRUCTION DU PONT JUSQU'A LA RÉVOLUTION DE 1789 (1772 à 1793).

CHAPITRE VII.

DEPUIS LA RÉVOLUTION DE 1793 JUSQU'A LA RÉVOLUTION DE 1848.

www.ingramcontent.com/pod-product-compliance
Lightning Source LLC
Chambersburg PA
CBHW071953090426
42740CB00011B/1930